I am books

• 양이정

　고려대학교 영어교육과 졸업
　연무중학교 재직
　現 수일고등학교 재직 중

VOCA Perfect Grade 3

초판 2쇄 발행 2009년 3월 13일
1판 3쇄 2012년 1월 2일

지은이　양이정
펴낸이　신성현, 오상욱
펴낸곳　도서출판 아이엠북스
　　　　153-802 서울시 금천구 가산동 327-32 대륭테크노타운 12차 1116호
　　　　Tel. (02)6343-0997~9　Fax. (02)6343-0995

출판등록　2006년 6월 7일 제 313-2006-000122호
북디자인　Design Didot 디자인 디도

ISBN 978-89-92334-08-2　54740

www.iambooks.co.kr

양이정 지음

Grade 3

어휘는 새로운 세계를 보게 해주는 눈

Voca Perfect는 13종의 중학교 교과서에서 많이 쓰이는 핵심 단어를 학년별로 1000여개씩 뽑아 여러분의 영어 실력 향상에 도움이 되고자 만들어진 책입니다.

어휘를 많이 아는 것은 영어 학습의 기초가 됩니다. 영어 실력 향상의 기초가 되는 읽기와 듣기, 그리고 문법 역시 어휘 실력을 갖추지 못하면 무용지물이 되고 맙니다. 아무리 좋은 자료가 주어지더라도 그 자료에 사용된 어휘를 모르면, 그 자료는 이해할 수 없는 것이 되고 맙니다. 그럼에도 불구하고 많은 학생들이 기초적인 어휘를 익히는 데서도 어려움을 겪고 있고, 그 어휘가 어떻게 쓰이는가에 대해서는 더 큰 어려움을 겪고 있는 것이 현실입니다.

어휘 학습은 알고 있는 어휘의 수를 늘리는 것 뿐 아니라, 그 어휘가 실제로 문장 속에서 어떻게 쓰이고 있는지 아는 것이 포함됩니다. 흔히 강조되는 '문장 단위의 학습과 암기' 는 바로 이 맥락에서 나온 학습방법으로, 어휘를 익힐 때는 단순히 뜻을 암기하는 것이 아니라 그 어휘가 사용된 문장을 여러 번 읽어가며 그 어휘에 익숙해져야 합니다. 그러나 일부 어휘 학습서는 어휘의 뜻만 알려주며, 어휘가 사용된 예문을 제시하지 않아 학생들이 쉽게 잊어버리는 기계적 암기에 그치도록 하기도 합니다. 설령 예문이 풍부하게 사용된 어휘 학습서라 하더라도 학생들의 실제 생활과 관계가 없는 낮설고 어색한 예문을 사용함으로써, 역시 학생들의 유의미한 학습에 도움을 주지 못하고 있습니다.

Voca Perfect는 어휘 학습에서의 이러한 문제점을 개선시키고자 학생들이 평소에 쉽게 접하는 실생활과 문제들을 통해 예문을 제시했습니다. 어휘와 예문을 함께 익힘으로서 학생들은 자신 주위에서 일어나는 일들을 문장으로 묘사해 볼 수도 있으며, 그것은 또한 의미있는 기억으로 남아 잊혀지기 쉬운 어휘들을 기억에 오래 남도록 도와줄 것입니다. 또한 별책으로 발매되는 Actual Test를 통해 내신대비에도 도움을 줄 수 있도록 제작되었습니다.

어휘는 영어 학습의 힘입니다. 어휘를 정확히 익힐 때 읽기, 듣기, 쓰기, 말하기의 영어의 네 영역으로 여러분들은 힘차게 나아갈 수 있습니다. 아무쪼록 Voca Perfect를 통해 영어 학습의 기초가 되는 어휘를 마스터 함으로서 여러분에게 무궁무진한 세계를 열어줄 영어 공부를 위한 눈을 가지게 되기를 바랍니다.

양이정

Composition & Character

● 뜻 : 중요도 순으로 단어 뜻을 실었습니다.

● 예문 : 외운 단어를 효과적으로 사용할 수 있
도록 예문을 함께 실었습니다.

s] a. 좋은, 친절한, 훌륭한	glad [glæd] a. 반가운	버지 (opp. mother)	있다, 먹다 (syn. eat)
ee you again. 다시 만나	Glad to meet you.	s old. 제 아버지는 45살이…	나는 많은 친구들을 가지고
sh teacher is nice to us			때는 현재분사가 없음)
v. 가다 (opp. come 오다)	meet v. 만나다	어머니 (opp. father)	
hool by bus or bike.	I want to meet you	her. 제 어머니는 선생님이…	~에 대하여

● 유의어 : 유의어는 *syn.* 으로 표기했습니다.

● 반의어 : 반의어는 *opp.* 로 표기했습니다.

● **동사의 변화형** : 중요 동사의 과거형−과거분사−현재분사를
[ ] 안에 실었습니다.

● **복수형** : 불규칙 복수형의 경우 *pl.* 로 표기했습니다.

● **파생어** : 파생어는 단어 밑에 실었으며 발음기호와
예문도 함께 실었습니다.

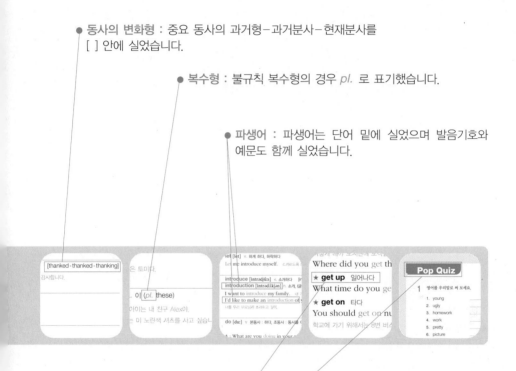

● **Pop Quiz** : 왼쪽 페이지에서 외운 단어를
오른쪽 페이지 Pop Quiz를 통해 점검할 수
있습니다.

● **숙어/일상 표현** : 숙어나 일상 표현을 함께 실었습니다.

Contents

Lesson

① 1

VOCA Perfect

001   **accept** [æksépt]   v. 받아들이다, 인정하다 (*opp.* reject)

[accepted-accepted-accepting]

acceptance [æséptəns]   n. 수락, 입학 허가

You should accept advice of your parents.

너는 부모님의 충고를 받아들여야만 해.

I am waiting for the acceptance of the school.

나는 그 학교의 입학 허가를 기다리고 있다.

---

002   **appreciate** [əprí:ʃièit]   v. 고마워하다, 감상하다, 가치를 인정하다

[appreciated-appreciated-appreciating]

appreciation [əprì:ʃiéiʃən]   n. 감사, 평가, 감상

I appreciate your help.   도움을 주셔서 고맙습니다.

I want to show my deep appreciation to you.

당신에게 깊은 감사를 보여드리고 싶습니다.

---

003   **major** [méidʒər]   v. 전공하다   a. 중요한   [majored-majored-majoring]

I'd like to major in medical science.   나는 의학을 전공하고 싶습니다.

San Francisco is one of the major cities of America.

샌프란시스코는 미국의 중요 도시 중 하나입니다.

---

004   **proper** [prápər]   a. 알맞은, 적절한 (*opp.* improper)

You should choose proper books for yourself.

너 자신을 위해 알맞은 책을 선택해야만 한다.

---

005   **blank** [blæŋk]   n. 빈 칸, 공백   a. 빈, 빈 칸의, 공백의

Fill in the blanks with proper answers.

알맞은 답으로 빈 칸을 채우세요.

Take out a blank sheet of paper.   빈 종이를 하나 꺼내세요.

---

006   **remain** [riméin]   v. 여전히 ~이다, 남다   [remained-remained-remaining]

He remains my best friend though he moved to Busan 3 years ago.   그는 3년 전 부산으로 이사 갔지만, 여전히 내 가장 친한 친구이다.

---

007   **whatever** [hwatévər]   pron. 무엇이든지, ~하는 것 모두

Whatever you do, do your best.   무엇을 하든지, 최선을 다해라.

Pop Quiz

1 영어를 우리말로 써 보세요.

1. accept _____
2. whatever _____
3. major _____
4. remain _____
5. blank _____
6. appreciate _____
7. proper _____

2 단어의 빠진 부분을 완성시켜 보세요.

1. 알맞은   pr _ p _ r
2. 전공하다   m _ j _ r
3. 고마워하다   _ ppr _ c _ _ t _
4. 무엇이든지   wh _ t _ v _ r
5. 받아들이다   _ cc _ pt
6. 빈 칸   bl _ nk
7. 여전히 ~이다   r _ m _ _ n

3 주어진 철자로 시작하는 단어로 쓰세요.

1. 무엇이든지   w _____
2. 받아들이다   a _____
3. 빈 칸   b _____
4. 전공하다   m _____
5. 알맞은   p _____
6. 고마워하다   a _____
7. 여전히 ~이다   r _____

008　**whoever** [huːévər]　pron. 누구든지, 누구라도

Whoever brings the coupon will receive a free magazine.

이 쿠폰을 가져오는 사람은 누구든지 무료 잡지를 받을 것입니다.

009　**fence** [fens]　n. 울타리

The boy jumped over the fence.

그 남자 아이는 울타리를 뛰어넘었다.

010　**connect** [kənékt]　v. 잇다, 연결하다, 전화로 연결하다
　　　connection [kənékʃən]　n. 연결, 관계

[connected-connected-connection]

You can connect the mp3 player to your computer.

그 mp3 플레이어를 컴퓨터에 연결시킬 수 있습니다.

There is a connection between smoking and cancer.

흡연과 암 사이에는 관계가 있다.

011　**advise** [ædváiz]　v. 충고하다　　　[advised-advised-advising]
　　　advice [ədváis]　n. 충고

The doctor advised me to sleep 8 eight hours a day.

그 의사 선생님은 내게 하루에 8시간씩 자라고 충고하셨다.

She would not listen to the teacher's advice.

그녀는 선생님의 충고를 듣지 않으려 한다.

012　**breathe** [briːð]　v. 숨 쉬다, 들이쉬다　　　[breathed-breathed-breathing]
　　　breath [breθ]　n. 호흡, 숨

Humans can't breathe in water.　사람은 물속에서 숨을 쉴 수 없다.

When you are nervous, take a breath.　긴장이 될 때는 숨을 쉬어라.

013　**add** [æd]　v. 더하다, 추가하다
　　　addition [ədíʃən]　n. 추가, 보충, 덧셈

The soup is salty. Add some water.　국이 짜다. 물을 더 넣어라.

Children are learning addition and subtraction in their first year
at elementary school.

어린아이들은 초등학교 1학년 때 덧셈과 뺄셈을 배운다.

Pop Quiz

1 영어를 우리말로 써 보세요.

1. connect _____
2. fence _____
3. whoever _____
4. add _____
5. advise _____
6. breathe _____

2 단어의 빠진 부분을 완성시켜 보세요.

1. 더하다 _ dd
2. 충고하다 _ dv _ s _
3. 울타리 f _ nc _
4. 누구든지 wh _ _ v _ r
5. 잇다 c _ nn _ ct
6. 숨 쉬다 br _ _ th _

3 주어진 철자로 시작하는 단어로 쓰세요.

1. 더하다 a _____
2. 충고하다 a _____
3. 누구든지 w _____
4. 숨 쉬다 b _____
5. 잇다 c _____
6. 울타리 f _____

014　**control** [kəntróul]　v. 통제하다, 억누르다　n. 컨트롤, 통제, 지배

[controlled-controlled-controlling]

The new system will control the traffic properly.

새로운 시스템은 교통을 적절히 통제할 것입니다.

★ **under control**　통제되는, 조종되는

The fire is under control.　불길이 통제되고 있다.

★ **out of control**　통제할 수 없는, 걷잡을 수 없는

The fire already became out of control.　화재는 이미 통제할 수 없었다.

015　**crowded** [kráudid]　a. 혼잡한, 붐비는

crowd [kraud]　n. 군중, 인파

The concert hall was so crowded that we couldn't hear the music at all.　콘서트 장은 너무 혼잡해서 우리는 음악을 전혀 들을 수 없었다.

There was a huge crowd at the station.

역에는 거대한 인파가 몰려 있었다.

016　**main** [mein]　a. 주요한, 중심부의

mainly [méinli]　ad. 주로, 대개

The dance contest is the main event of the festival.

댄스 경연 대회는 그 축제의 주요 이벤트입니다.

The students in the theater were mainly third graders.

극장 안의 학생들은 주로 3학년생들이었다.

017　**exhausted** [igzɔ́:stid]　a. 지칠 대로 지친, 탈진한

We all were exhausted after walking 6 kilometers.

6km를 걸은 후 우리는 모두 지칠 대로 지쳐버렸다.

018　**form** [fɔ:rm]　n. 형태, 모양, 형식, 양식　v. 형성하다, 만들다

I don't like any forms of exercise.　나는 어떤 형태의 운동도 싫어한다.

They formed a long line by the door.

그들은 그 문 옆에 긴 줄을 만들었다.

019　**error** [érər]　n. 오류, 잘못된 것, 틀린 것

I found more than ten errors in the grammar book.

나는 그 문법 책에서 열 개 이상의 오류를 찾아냈다.

Pop Quiz

1 영어를 우리말로 써 보세요.

1. control　＿＿＿＿＿＿＿＿＿＿＿＿＿
2. form　＿＿＿＿＿＿＿＿＿＿＿＿＿
3. crowded　＿＿＿＿＿＿＿＿＿＿＿＿＿
4. error　＿＿＿＿＿＿＿＿＿＿＿＿＿
5. exhausted　＿＿＿＿＿＿＿＿＿＿＿＿＿
6. main　＿＿＿＿＿＿＿＿＿＿＿＿＿

2 단어의 빠진 부분을 완성시켜 보세요.

1. 지칠 대로 지친　　　　＿ xh ＿ ＿ st ＿ d
2. 형태　　　　　　　　f ＿ rm
3. 주요한　　　　　　　m ＿ ＿ n
4. 오류　　　　　　　　＿ rr ＿ r
5. 혼잡한　　　　　　　cr ＿ wd ＿ d
6. 통제하다　　　　　　c ＿ ntr ＿ l

3 주어진 철자로 시작하는 단어로 쓰세요.

1. 오류　　　　　　　　e＿＿＿＿＿＿＿＿
2. 지칠 대로 지친　　　　e＿＿＿＿＿＿＿＿
3. 통제하다　　　　　　c＿＿＿＿＿＿＿＿
4. 주요한　　　　　　　m＿＿＿＿＿＿＿＿
5. 혼잡한　　　　　　　c＿＿＿＿＿＿＿＿
6. 형태　　　　　　　　f＿＿＿＿＿＿＿＿

020 **disagree** [dìsəgrí:] v. 의견이 다르다, 맞지 않다
disagreement [dìsəgrí:mənt] n. 의견 차이, 불일치

[disagreed-disagreed-disagreeing]

I always disagree with my mother.
나는 언제나 어머니와 의견이 다르다.
I am worried about disagreement among club members.
나는 동아리 회원 간의 의견 차이를 고민하고 있다.

021 **attend** [əténd] v. 출석하다, 참석하다, 귀를 기울이다, 주의하다
attention [ténʃən] n. 주목, 주의 [attended-attended-attending]

I didn't attend school for a week because I was sick.
나는 아파서 학교에 일 주일 동안 출석하지 못했다.
Thank you for your attention in this program.
이 프로그램에 주목해 주셔서 감사합니다.

022 **determine** [ditə́ːrmin] v. 결심하다, 결정하다
determination [ditə̀ːrmənéiʃən] n. 결심, 결정

[determined-determined-determining]

I determined that I would go to a foreign language high school.
외국어 고등학교에 다니기로 결심했다.
Nothing can change my determination.
어떤 것도 내 결심을 바꾸지 못한다.

023 **clap** [klæp] v. 박수 치다, 가볍게 두드리다 [clapped-clapped-clapping]
The students clapped for a long time after he sang the song.
그가 노래를 부른 후 학생들은 오랫동안 박수를 쳤다.

024 **appropriate** [əpróuprièit] a. 알맞은, 적당한 (syn. proper)
Listen to the dialog and choose the appropriate answer.
대화를 듣고 알맞은 답을 고르시오.

025 **discuss** [diskʌ́s] v. 토론하다, 토의하다 [discussed-discussed-discussing]
discussion [diskʌ́ʃən] n. 토의

The students are discussing what to show in the school festival.
학생들이 학교 축제 때 무엇을 보여줄 지 토의하고 있다.
I don't want to join the discussion. 토의에 참가하고 싶지 않습니다.

Pop Quiz

1 영어를 우리말로 써 보세요.

1. appropriate _____
2. attend _____
3. discuss _____
4. determine _____
5. disagree _____
6. clap _____

2 단어의 빠진 부분을 완성시켜 보세요.

1. 토론하다   d _ sc _ ss
2. 결심하다   d _ t _ rm _ n _
3. 출석하다   _ tt _ nd
4. 박수 치다   cl _ p
5. 알맞은   _ ppr _ pr _ _ t _
6. 의견이 다르다   d _ s _ gr _ _

3 주어진 철자로 시작하는 단어로 쓰세요.

1. 박수 치다   c _____
2. 출석하다   a _____
3. 알맞은   a _____
4. 결심하다   d _____
5. 의견이 다르다   d _____
6. 토론하다   d _____

026 **gather** [ɡǽðər] v. 모이다, 모으다   [gathered-gathered-gathering]

We gathered around the teacher.   우리는 그 선생님 주위에 모였다.

---

027 **exhibition** [èksəbíʃən] n. 전시회

We can see many kinds of antique furniture at the exhibition.

우리는 그 전시회에서 많은 종류의 골동품 가구를 볼 수·있다.

---

028 **architect** [ɑ́:rkətèkt] n. 건축가

architecture [ɑ́:rkətèktʃər] n. 건축, 건축학

My mother is an able architect.   우리 어머니는 유능한 건축가이시다.

I am interested in architecture.   나는 건축에 관심이 있다.

---

029 **function** [fʌ́ŋkʃən] n. 기능, 작용, (수학) 함수

What's the function of kidneys?   신장의 기능은 무엇입니까?

---

030 **parliament** [pɑ́:rləmənt] n. (영국의) 의회, 국회 (*syn.* congress 미국 국회)

Dissolved a Parliament yesterday.

어제 의회를 해산했다.

---

031 **behave** [bihéiv] v. 행동하다, 처신하다   [behaved-behaved-behaving]

behavior [bihéivjər] n. 행동

The two girls behaved politely in front of the prince.

그 두 소녀는 왕자 앞에서 예의바르게 행동했다.

You must apologize for your impolite behavior.

너는 무례한 행동에 대해 사과해야 한다.

---

032 **compare** [kəmpέər] v. 비교하다, 비유하다

     [compared-compared-comparing]

Don't compare yourself with others.   다른 사람과 너를 비교하지 마라.

---

033 **company** [kʌ́mpəni] n. 회사, 상사, 동료, 일행, 친구

Many people want to work for a big company.

많은 사람들이 큰 회사에서 일하기를 원한다.

Pop Quiz

1 영어를 우리말로 써 보세요.

1. parliament _____
2. function _____
3. gather _____
4. architect _____
5. exhibition _____
6. company _____
7. behave _____
8. compare _____

2 단어의 빠진 부분을 완성시켜 보세요.

1. 기능　　f _ nct _ _ n
2. 모이다　　g _ th _ r
3. 의회　　p _ rl _ _ m _ nt
4. 전시회　　_ xh _ b _ t _ _ n
5. 비교하다 c _ mp _ r _
6. 회사　　c _ mp _ ny
7. 건축가　　_ rch _ t _ ct
8. 행동하다 b _ h _ v _

3 주어진 철자로 시작하는 단어로 쓰세요.

1. 기능　　　　f _____
2. 의회　　　　p _____
3. 모이다　　　g _____
4. 행동하다　　b _____
5. 건축가　　　a _____
6. 회사　　　　c _____
7. 전시회　　　e _____
8. 비교하다　　c _____

034 **familiar** [fəmíljər] a. 잘 아는, 친숙한, 친밀한 (*opp.* unfamiliar)
familiarity [fəmiliǽrəti] n. 친밀, 친근함
I am familiar with the new English teacher.
나는 새로 오신 영어 선생님을 잘 알고 있다.
There was no familiarity between my cousin and me.
내 사촌과 나 사이에는 어떤 친밀함도 없었다.

035 **mistake** [mistéik] n. 실수, 착각
He made the same mistake again.   그는 똑같은 실수를 다시 했다.

036 **goal** [goul] n. 목적, 목표
The goal of our meeting is to raise money to help the poor.
우리 모임의 목적은 가난한 사람들을 돕기 위한 돈을 모으는 것입니다.

037 **memorize** [méməràiz] v. 외우다, 암기하다
memory [méməri] n. 기억력, 기억, 추억
[memorized-memorized-memorizing]
I plan to memorize 100 English words a week.
나는 1주일에 영어 단어를 100개씩 외울 계획이다.
I have a good memory for names.   나는 이름에 대한 기억력이 좋다.

038 **flavor** [fléivər] n. 맛, 풍미
What flavors of candies do you like?
어떤 맛의 사탕을 좋아하니?

039 **opinion** [əpínjən] n. 의견, 판단
My opinion about freedom of hair length is different from
yours. 두발 길이 자유에 대한 내 의견은 너와 다르다.
★ **in my opinion** 내 의견으로는
In my opinion, we have to visit the teacher tomorrow.
내 의견으로는, 선생님을 내일 찾아가야 해.

Pop Quiz

1 영어를 우리말로 써 보세요.

1. goal _____
2. mistake _____
3. familiar _____
4. memorize _____
5. opinion _____
6. flavor _____

2 단어의 빠진 부분을 완성시켜 보세요.

1. 외우다   m _ m _ r _ z _
2. 맛   fl _ v _ r
3. 목적   g _ _ l
4. 의견   _ p _ n _ _ n
5. 실수   m _ st _ k _
6. 잘 아는   f _ m _ l _ _ r

3 주어진 철자로 시작하는 단어로 쓰세요.

1. 잘 아는   f _____
2. 실수   m _____
3. 목적   g _____
4. 외우다   m _____
5. 맛   f _____
6. 의견   o _____

040 **minister** [mínistər] n. 목사, 성직자, 장관

My grandfather was a minister of a little church.

우리 할아버지는 작은 교회의 목사였습니다.

---

041 **effect** [ifékt] n. 결과, 효과 (*opp.* cause)
effective [iféktiv] a. 효과적인

Do you know the cause and effect of the accident?

그 사건의 원인과 결과를 알고 있습니까?

This medicine is effective against a bad cold.

이 약은 독감에 효과적이다.

---

042 **guess** [ges] v. 짐작하다, 추측하다　　　　　[guessed-guessed-guessing]

I can't guess the answer to the question.

나는 그 질문에 대한 답을 짐작할 수 없다.

---

043 **hesitate** [hézətèit] v. 망설이다, 머뭇거리다[hesitated-hesitated-hesitating]
hesitation [hèzətéiʃən] n. 망설임, 주저

He hesitated what to say.　그는 무엇을 말해야 할지 망설였다.

Without hesitation, she got off the bus.

그녀는 망설임 없이 버스에서 내렸다.

---

044 **natural** [nǽtʃərəl] a. 자연의, 자연스런, 타고난
nature [néitʃər] n. 자연, 천성
naturally [nǽtʃərəli] ad. 자연스럽게, 당연히

An earthquake is one of the natural disasters.

지진은 자연재해 중 하나다.

She always paints pictures of nature.

그녀는 언제나 자연의 그림을 그린다.

Naturally, we became friends after my family moved next to his house.　우리 가족이 그의 옆집으로 이사 온 후, 우리는 자연스럽게 친구가 되었다.

Pop Quiz

1 영어를 우리말로 써 보세요.

1. minister   _____
2. guess   _____
3. hesitate   _____
4. effect   _____
5. natural   _____

2 단어의 빠진 부분을 완성시켜 보세요.

1. 목사   m _ n _ st _ r
2. 결과   _ ff _ ct
3. 짐작하다   g _ _ ss
4. 망설이다   h _ s _ t _ t _
5. 자연의   n _ t _ r _ l

3 주어진 철자로 시작하는 단어로 쓰세요.

1. 결과   e _____
2. 망설이다   h _____
3. 목사   m _____
4. 짐작하다   g _____
5. 자연의   n _____

045 **reply** [riplái] v. 대답하다, 답하다 n. 대답, 답변 [replied-replied-replying]

The teacher always replies to students' questions kindly.

그 선생님은 학생들의 질문에 언제나 친절하게 대답하신다.

I didn't receive a reply from him yet.

나는 아직 그에게서 대답을 듣지 못했다.

046 **explore** [ikspló:r] v. 탐험하다, 탐구하다 [explored-explored-exploring]

Amundsen explored the North and South Pole.

아문센은 북극과 남극을 탐험했다.

047 **communicate** [kəmjú:nəkèit] v. 의사소통하다, 통신하다
communication [kəmjù:nəkéiʃən] n. 의사소통, 통신
[communicated-communicated-communicating]

A lot of teenagers prefer communicating with each other through cell phones. 많은 십대들이 휴대 전화로 의사소통하는 것을 좋아한다.

A lot of parents have difficulty in communication with their children. 많은 부모들이 그들의 자녀와의 의사소통에 어려움을 겪는다.

048 **negative** [négətiv] a. 부정적인, 소극적인 (*opp.* positive)

He has a negative thought about his own future.

그는 자신의 미래에 대해 부정적인 생각을 갖고 있다.

049 **balance** [bǽləns] n. 균형, 평형, 통장 잔고

She lost her balance and fell from the beam.

그녀는 균형을 잃고 평균대에서 떨어졌다.

050 **license** [láisəns] n. 면허증, 면허, 허가서

I have to renew my license in a week.

나는 1주일 안에 내 면허증을 갱신해야만 한다.

Pop Quiz

1 영어를 우리말로 써 보세요.

1. license　＿＿＿＿＿＿＿＿＿＿＿＿＿＿＿＿＿
2. reply　＿＿＿＿＿＿＿＿＿＿＿＿＿＿＿＿＿
3. communicate　＿＿＿＿＿＿＿＿＿＿＿＿＿＿＿＿＿
4. explore　＿＿＿＿＿＿＿＿＿＿＿＿＿＿＿＿＿
5. balance　＿＿＿＿＿＿＿＿＿＿＿＿＿＿＿＿＿
6. negative　＿＿＿＿＿＿＿＿＿＿＿＿＿＿＿＿＿

2 단어의 빠진 부분을 완성시켜 보세요.

1. 부정적인　　　　　　n _ g _ t _ v _
2. 균형　　　　　　　　b _ l _ nc _
3. 의사소통하다　　　　c _ mm _ n _ c _ t _
4. 면허증　　　　　　　l _ c _ ns _
5. 탐험하다　　　　　　_ xpl _ r _
6. 대답하다　　　　　　r _ pl _

3 주어진 철자로 시작하는 단어로 쓰세요.

1. 면허증　　　　　l＿＿＿＿＿＿＿＿＿＿
2. 균형　　　　　　b＿＿＿＿＿＿＿＿＿＿
3. 탐험하다　　　　e＿＿＿＿＿＿＿＿＿＿
4. 부정적인　　　　n＿＿＿＿＿＿＿＿＿＿
5. 의사소통하다　　c＿＿＿＿＿＿＿＿＿＿
6. 대답하다　　　　r＿＿＿＿＿＿＿＿＿＿

051 **improve** [imprúːv] v. 향상시키다, 나아지게 하다
improvement [imprúːvmənt] n. 향상, 개선
[improved-improved-improving]

By watching many American movies, I could improve my English listening ability.
미국 영화를 많이 봄으로써 영어 듣기 능력을 향상시킬 수 있었다.
The student showed a lot of improvement in study.
그 학생은 공부에서 많은 향상을 보여주었다.

052 **notice** [nóutis] n. 경고, 알림, 벽보 v. 알아차리다, 주의하다
[noticed-noticed-noticing]

Did you see the notice "Beware of the dog."
"개 조심"이라는 경고를 보았니?
You should notice the bank closes at 4 PM.
은행은 오후 4시에 닫는다는 것을 주의해야만 한다.

053 **offer** [ɔ́ːfər] v. 제공하다, 주다   [offered-offered-offering]

The after school will offer various English conversation programs.
방과 후 학교는 다양한 영어 회화 프로그램을 제공할 것입니다.

054 **normal** [nɔ́ːrməl] a. 정상의, 보통의 (opp. abnormal)

It is normal for a person to feel sleepy after lunch.
점심을 먹은 후 졸리는 것은 정상이다.

055 **persuade** [pəːrswéid] v. 설득하다   [persuaded-persuaded-persuading]

The teacher persuaded me to enter an English writing contest.
선생님은 내가 영어 쓰기 대회에 참가하도록 설득하셨다.

056 **finally** [fáinəli] ad. 드디어, 마침내 (syn. at last)

Finally, he graduated from middle school.
마침내 그는 중학교를 졸업했다.

057 **journal** [dʒɔ́ːrnəl] n. 일기, 잡지, 신문

I keep a journal in English to improve English writing ability.
나는 영어 쓰기 능력을 향상시키기 위해 영어로 일기를 쓴다.

1 영어를 우리말로 써 보세요.

1. offer　　　_____
2. persuade　_____
3. improve　_____
4. finally　　_____
5. journal　　_____
6. notice　　_____
7. normal　　_____

2 단어의 빠진 부분을 완성시켜 보세요.

1. 경고　　　n _ t _ c _　　　2. 드디어　　　f _ n _ lly
3. 정상의　　n _ rm _ l　　　4. 제공하다　　_ ff _ r
5. 일기　　　j _ _ rn _ l　　　6. 향상시키다　_ mpr _ v _
7. 설득하다　p _ rs _ _ d _

3 주어진 철자로 시작하는 단어로 쓰세요.

1. 일기　　　　j _____
2. 제공하다　　o _____
3. 설득하다　　p _____
4. 드디어　　　f _____
5. 정상의　　　n _____
6. 경고　　　　n _____
7. 향상시키다　i _____

058 modern [mάdərn] a. 현대의, 현대적인

Modern science technology has made our life more convenient.
현대의 과학 기술은 우리의 삶을 더 편리하게 만들었다.

059 overcome [òuvərkΛm] v. 이기다, 극복하다

[overcame-overcome-overcoming]

The child overcame his fear of darkness and started to sleep alone. 그 어린아이는 어둠에 대한 두려움을 극복하고 혼자 자기 시작했다.

060 capital [kǽpitl] a. 수도의, 가장 중요한, 대문자의 n. 수도

The capital city of Canada is Ottawa. 캐나다의 수도는 오타와이다.
Paris is the capital of France. 파리는 프랑스의 수도이다.

061 lay [lei] v. 놓다, 눕히다 (*syn.* put), 알을 낳다 [laid-laid-laying]

They laid their books on the desk. 그들은 책을 책상 위에 놓았다.

062 reflect [riflékt] v. 반사하다, 반영하다 [reflected-reflected-reflecting]

A mirror reflects light. 거울은 빛을 반사한다.

063 request [rikwést] v. 요청하다, 바라다 [requested-requested-requesting]

I requested the teacher to issue a student's card.
나는 그 선생님께 학생증을 발급해 달라고 요청했다.

064 wind [wind] v. 굽이지다, 꾸불거리다, 감다 [wound-wound-winding]

The road to the mountain wound along the forest.
산으로 가는 길은 숲을 따라 굽이졌다.

065 literature [lítərətʃər] n. 문학

Many youths are interested in Japanese literature.
많은 젊은이들이 일본 문학에 관심을 가지고 있다.

Pop Quiz

1 영어를 우리말로 써 보세요.

1. literature _____
2. wind _____
3. overcome _____
4. request _____
5. modern _____
6. reflect _____
7. lay _____
8. capital _____

2 단어의 빠진 부분을 완성시켜 보세요.

1. 현대의   m _ d _ rn   2. 반사하다   r _ fl _ ct
3. 수도의   c _ p _ t _ l   4. 놓다   l _ y
5. 굽이지다 w _ nd   6. 문학   l _ t _ r _ t _ r _
7. 요청하다 r _ q _ _ st   8. 이기다   _ v _ rc _ m _

3 주어진 철자로 시작하는 단어로 쓰세요.

1. 굽이지다   w_____
2. 요청하다   r_____
3. 문학   l_____
4. 반사하다   r_____
5. 현대의   m_____
6. 수도의   c_____
7. 이기다   o_____
8. 놓다   l_____

066 **patient** [péiʃənt] a. 인내심(참을성) 있는 n. 환자
patience [péiʃəns] n. 인내

Teachers should be patient with their students.
교사는 학생들에 대해 인내심을 지녀야 한다.
Parents need a lot of patience about their children.
부모들은 그들의 아이들에 대해 많은 인내를 필요로 한다.

067 **litter** [lítər] v. 어지르다, 쓰레기를 버리다 n. 쓰레기, 어지르는 것
[littered-littered-littering]

The students littered the classroom with scraps of paper.
학생들은 교실을 종잇조각으로 어지럽혀 놓았다.
Students were picking up litter in the park.
학생들이 공원 안에서 쓰레기를 줍고 있었다.

068 **literal** [lítərəl] a. 글자 그대로의, 문자 상의

He didn't understand the literal meaning of the word.
그는 그 말의 글자 그대로의 뜻을 이해하지 못했다.

069 **pronunciation** [prənʌnsiéiʃən] n. 발음

Nowadays, students' English pronunciation is very good.
요즘은 학생들의 영어 발음이 매우 좋다.

070 **lead** [li:d] v. 이끌다, 인도하다, 길이 ~로 이르다 [led-led-leading]
leader [lí:dər] n. 지도자, 기장

The boy led the girl to a secret garden.
그 소년은 그 소녀를 비밀의 화원으로 이끌었다.
The student is the new leader of the camera club.
그 학생이 사진 동아리의 새 지도자다.

071 **exercise** [éksərsàiz] v. 운동하다 n. 운동, 연습, 연습문제
[exercised-exercised-exercising]

You should exercise regularly to be healthy.
건강해지기 위해 규칙적으로 운동을 해야 한다.
Jogging is a good exercise. 조깅은 좋은 운동이다.

1 영어를 우리말로 써 보세요.

1. pronunciation _____
2. patient _____
3. lead _____
4. literal _____
5. litter _____
6. exercise _____

2 단어의 빠진 부분을 완성시켜 보세요.

1. 글자 그대로의   l _ t _ r _ l
2. 인내심 있는   p _ t _ _ nt
3. 발음   pr _ n _ nc _ _ t _ _ n
4. 어지르다   l _ tt _ r
5. 이끌다   l _ _ d
6. 운동하다   _ x _ rc _ s _

3 주어진 철자로 시작하는 단어로 쓰세요.

1. 어지르다   l _____
2. 이끌다   l _____
3. 발음   p _____
4. 인내심 있는   p _____
5. 글자 그대로의   l _____
6. 운동하다   e _____

072 **method** [méθəd] n. 방법, 방식

I use my own special method to memorize new words.
나는 새 단어들을 암기 위해 나만의 특별한 방법을 사용한다.

073 **exchange** [ikstʃéindʒ] v. 교환하다, 주고받다
[exchanged-exchanged-exchanging]

I exchanged cell phone numbers and e-mails with a new friend.
나는 새 친구와 휴대폰 번호와 이메일을 교환했다.

074 **frustrated** [frʌstreitid] a. 좌절한

I felt very frustrated when I knew the test result.
시험 결과를 알았을 때 나는 매우 좌절했다.

075 **disappointed** [dìsəpɔ́intid] a. 실망한
disappoint [dìsəpɔ́int] v. 실망하다, 실망시키다

I felt sad when I saw my mother's disappointed face.
나는 어머니의 실망한 얼굴을 보았을 때 슬펐다.
I disappointed in him too much. I don't trust him anymore.
나는 그에게 너무 실망했어. 그를 더 이상 믿지 않아.

076 **classical** [klǽsikəl] a. 고전 음악의, 고전 문학의, 고전의

I am not interested in classical music.   나는 고전 음악에 흥미가 없다.

077 **apply** [əplái] v. 신청하다, 지원하다, 적용하다, 응용하다
[applied-applied-applying]

I plan to apply for a volunteer program in the countryside this
summer.   나는 이번 여름에 농촌 봉사 활동 프로그램을 신청할 생각이다.

078 **decorate** [dékərèit] v. 장식하다   [decorated-decorated-decorating]
decoration [dèkəréiʃən] v. 장식, 장식물

They decorated the living room for the birthday party.
그들은 생일 파티를 위해 거실을 장식했다.
She brought a lot of flowers for Christmas decoration.
그녀는 크리스마스 장식을 위해 많은 꽃을 가져왔다.

Pop Quiz

1 영어를 우리말로 써 보세요.

1. disappointed _____
2. method _____
3. decorate _____
4. exchange _____
5. apply _____
6. frustrated _____
7. classical _____

2 단어의 빠진 부분을 완성시켜 보세요.

1. 장식하다 d _ c _ r _ t _   2. 방법   m _ th _ d
3. 교환하다 _ xch _ ng _   4. 좌절한   fr _ str _ t _ d
5. 실망한   d _ s _ pp _ _ nt _ d   6. 고전 음악의 cl _ ss _ c _ l
7. 신청하다 _ pply

3 주어진 철자로 시작하는 단어로 쓰세요.

1. 좌절한   f _____
2. 교환하다   e _____
3. 장식하다   d _____
4. 실망한   d _____
5. 고전 음악의   c _____
6. 신청하다   a _____
7. 방법   m _____

079   **guard** [gɑːrd]   v. 지키다, 호위하다   [guarded-guarded-guarding]

He ordered two police officers to guard the woman.

그는 두 명의 경찰관에게 그 여자를 지키라고 명령했다.

---

080   **prefer** [prifə́ːr]   v. 더 좋아하다, 선호하다   [preferred-preferred-preferring]

I prefer movies to books.   나는 책보다는 영화를 더 좋아한다.

---

081   **order** [ɔ́ːrdər]   v. 명령하다   n. 주문, 명령   [ordered-ordered-ordering]

The police officer ordered me to stop the car.

경찰관은 내게 차를 멈추라고 명령했다.

★ **out of order**   고장 난

The vending machine have been out of order for 1 week.

그 자판기는 1주일 째 고장 나 있다.

---

082   **complain** [kəmpléin]   v. 불평하다, 투덜대다
       complaint [kəmpléint]   n. 불평, 불만

                     [complained-complained-complaining]

The students complained about the difficult test.

그 학생들은 그 어려운 시험에 대해 불평했다.

The student always makes complaints about everything.

그 학생은 언제나 모든 것에 불평한다.

---

083   **prepare** [pripɛ́ər]   v. 준비하다, 마련하다

Because her mother was ill in bed, she had to prepare meals.

그녀의 어머니가 아파 누웠기 때문에, 그녀는 식사 준비를 해야만 했다.

★ **prepare for**   대비하다, 준비를 갖추다

You have to prepare for the mid-term exam.

중간고사를 대비해 두어야 한다.

---

084   **display** [displéi]   v. 전시하다, 진열하다 (*syn.* show)

                     [displayed-displayed-displaying]

The young man displayed various cell phones.

그 젊은이는 다양한 핸드폰을 전시해 두었다.

Pop Quiz

1 영어를 우리말로 써 보세요.

1. complain _____
2. order _____
3. prepare _____
4. guard _____
5. prefer _____
6. display _____

2 단어의 빠진 부분을 완성시켜 보세요.

1. 불평하다   c _ mpl _ _ n
2. 준비하다   pr _ p _ r _
3. 지키다   g _ _ rd
4. 더 좋아하다   pr _ f _ r
5. 명령하다   _ rd _ r
6. 전시하다   d _ spl _ y

3 주어진 철자로 시작하는 단어로 쓰세요.

1. 준비하다   p_____
2. 지키다   g_____
3. 더 좋아하다   p_____
4. 불평하다   c_____
5. 명령하다   o_____
6. 전시하다   d_____

085 **flow** [flou] v. 흐르다 [flowed-flowed-flowing]

The Han River flows from east to west.

한강은 동쪽에서 서쪽으로 흐른다.

086 **exist** [igzíst] v. 존재하다, 있다 [existed-existed-existing]

Living things exist even at the bottom of the deep sea.

심해의 바닥에도 생명체들이 존재한다.

087 **design** [dizáin] v. 디자인하다, 설계하다 n. 디자인, 설계

[designed-designed-designing]

The school uniform was designed by a famous designer.

그 교복은 유명한 디자이너에 의해 디자인되었다.

Which design do you prefer, this one or that one?

어느 디자인이 더 좋아? 이것 아니면 저것?

088 **polish** [páliʃ] v. 닦다, 윤내다 [polished-polished-polishing]

The students were polishing the classroom floor.

학생들은 교실 바닥을 닦고 있었다.

089 **ambition** [æmbíʃən] n. 큰 뜻, 야심
ambitious [æmbíʃəs] a. 큰 뜻을 품은, 야심 있는

She has ambition to be a great scientist.

그녀는 위대한 과학자가 되겠다는 큰 뜻을 가지고 있다.

Boys, be ambitious! (격언) 소년들이여, 큰 뜻을 품어라!

090 **aware** [əwέər] a. 알고 있는, 깨닫고 있는 (*opp.* unaware)

Most smokers are aware of the danger of smoking.

대부분의 흡연자들은 흡연의 위험에 대해 알고 있다.

091 **otherwise** [ʌ́ðərwàiz] ad. 그렇지 않으면

Turn off your cell phone during the class, otherwise the teacher will take it when it rings.

수업 중에는 휴대폰을 꺼 두어라. 그렇지 않으면, 울렸을 때 선생님이 그것을 가져갈 것이다.

Pop Quiz

1 영어를 우리말로 써 보세요.

1. aware _____
2. polish _____
3. ambition _____
4. design _____
5. flow _____
6. exist _____
7. otherwise _____

2 단어의 빠진 부분을 완성시켜 보세요.

1. 큰 뜻 _ mb _ t _ _ n
2. 흐르다 fl _ w
3. 그렇지 않으면 _ th _ rw _ s _
4. 알고 있는 _ w _ r _
5. 디자인하다 d _ s _ gn
6. 닦다 p _ l _ sh
7. 존재하다 _ x _ st

3 주어진 철자로 시작하는 단어로 쓰세요.

1. 큰 뜻 a_____
2. 존재하다 e_____
3. 알고 있는 a_____
4. 흐르다 f_____
5. 그렇지 않으면 o_____
6. 디자인하다 d_____
7. 닦다 p_____

092 **heal** [hi:l] v. 치유하다, 치료하다   [healed-healed-healing]

Some kind of music can heal our mind.

어떤 종류의 음악은 우리의 마음을 치유 할 수 있다.

093 **convenient** [kənvíːnjənt] a. 편리한

I like buying convenient appliances to use.

나는 사용하기 편리한 기구들을 사는 것을 좋아한다.

094 **assist** [əsíst] v. 돕다, 조력하다   [assisted-assisted-assisting]
assistant [əsístənt] n. 조수, 보조자

The teachers decided to assist poor students of their school.

그 선생님들은 그들 학교의 가난한 학생들을 돕기로 결정하셨다.

The cartoonist works on drawings with two assistants.

그 만화가는 두 명의 조수와 함께 삽화 작업을 한다.

095 **secretary** [sékrətèri] n. 비서

She works at the company as a secretary.

그녀는 그 회사에서 비서로 일한다.

096 **pedal** [pédl] n. 페달

Keep pressing the pedals.   페달을 계속 밟아라.

097 **illusion** [ilúːʒən] n. 환상, 환각

A lot of students have a rosy illusion about the college life.

많은 학생들이 대학 생활에 대해 장밋빛 환상을 가지고 있다.

098 **glow** [glou] n. 백열, 달아오른 빛

The traveler found a warm glow from a hut in the dark.

그 여행자는 어둠 속에서 오두막으로부터의 따스한 백열을 발견했다.

099 **log** [lɔːg] n. 통나무

I sat on the log to relax my legs.

나는 다리를 좀 쉬게 하려고 통나무 위에 앉았다.

1 영어를 우리말로 써 보세요.

1. heal _____
2. log _____
3. secretary _____
4. glow _____
5. illusion _____
6. convenient _____
7. pedal _____
8. assist _____

2 단어의 빠진 부분을 완성시켜 보세요.

1. 치유하다   h _ _ l
2. 편리한   c _ nv _ n _ _ nt
3. 페달   p _ d _ l
4. 환상   _ ll _ s _ _ n
5. 돕다   _ ss_st
6. 비서   s _ cr _ t _ ry
7. 통나무   l _ g
8. 백열   gl _ w

3 주어진 철자로 시작하는 단어로 쓰세요.

1. 비서   s _____
2. 치유하다   h _____
3. 돕다   a _____
4. 통나무   l _____
5. 편리한   c _____
6. 환상   i _____
7. 백열   g _____
8. 페달   p _____

VOCA Perfect

001 **experience** [ikspíəriəns] v. 경험하다 n. 경험
experienced [ikspíəriənst] a. 노련한, 경험이 있는
[experienced-experienced-experiencing]

I experienced cultural differences when I was in New Zealand.
나는 뉴질랜드에 있을 때 문화적 차이을 경험했다.
My homeroom teacher is an experienced English teacher.
우리 담임 선생님은 노련한 영어 선생님이시다.

002 **achieve** [ətʃíːv] v. 이루다, 성취하다 [achieved-achieved-achieving]
achievement [ətʃíːvmənt] n. 업적, 성취

He achieved great success as a businessman.
그는 사업가로서 큰 성공을 이뤘다.
The creation of Hangeul is one of the greatest achievements
of King Sejong. 한글 창제는 세종대왕의 가장 위대한 업적 중 하나이다.

003 **support** [səpɔ́ːrt] v. 지지하다, 받치다, 부양하다
[supported-supported-supporting]

Do you support the idea that students should wear school
uniforms? 학생들은 교복을 입어야 한다는 생각을 지지합니까?

004 **subject** [sʌ́bdʒikt] n. 주제, 화제, 과목, 교과, 학과

I couldn't catch the subject of the discussion.
나는 그 토론의 주제를 알아차릴 수가 없었다.

005 **upset** [ʌpsét] a. 당황한, 심란한 v. 당황시키다, 뒤엎다
[upset-upset-upsetting]

I was upset to spoil an important test.
중요한 시험을 망쳐서 나는 당황했다.
His impolite words upset the teacher.
그의 무례한 말은 선생님을 당황시켰다.

006 **skip** [skip] v. 깡충깡충 뛰다, 건너뛰다 [skipped-skipped-skipping]
The student skipped around the hallway.
그 학생은 복도를 깡충거리며 뛰어다녔다.

1 영어를 우리말로 써 보세요.

1. achieve　_____
2. experience　_____
3. upset　_____
4. support　_____
5. skip　_____
6. subject　_____

2 단어의 빠진 부분을 완성시켜 보세요.

1. 이루다　　　　　　　_ ch _ _ v _
2. 주제　　　　　　　　s _ bj _ ct
3. 당황한　　　　　　　_ ps _ t
4. 지지하다　　　　　　s _ pp _ rt
5. 경험하다　　　　　　_ xp _ r _ _ nc _
6. 깡충깡충 뛰다　　　　sk _ p

3 주어진 철자로 시작하는 단어로 쓰세요.

1. 지지하다　　　　　　s _____
2. 주제　　　　　　　　s _____
3. 경험하다　　　　　　e _____
4. 이루다　　　　　　　a _____
5. 당황한　　　　　　　u _____
6. 깡충깡충 뛰다　　　　s _____

007 **youth** [ju:θ] n. 젊은이, 청년, 젊음
young [jʌŋ] a. 젊은

Some youths were singing and dancing in the park.
몇몇 젊은이들은 공원에서 노래를 부르고 춤을 추고 있었다.
My father played the guitar when he was young.
우리 아버지는 젊었을 때 기타를 연주하셨다.

---

008 **embarrassed** [imbǽrəst] a. 당황한, 난처해진
embarrass [imbǽrəs] v. 당황하게 하다, 난처하게 하다
[embarrassed-embarrassed-embarrassing]

His parents were embarrassed by his impolite words.
그의 부모님은 그의 무례한 말에 당황하셨다.
His impolite words embarrassed his parents.
그의 무례한 말은 그의 부모를 당황시켰다.

---

009 **basement** [béismənt] n. 지하실

I hid my new bicycle in the basement.
나는 새 자전거를 지하실에 숨겨 놓았다.

---

010 **bush** [buʃ] n. 덤불, 떨기나무

The dog found a rabbit in the bush.
그 개는 덤불 속에서 토끼를 발견했다.

---

011 **appear** [əpíər] v. 나타나다, 모습을 보이다, ~인 듯하다
[appeared-appeared-appearing]
appearance [əpíərəns] n. 외모, 출현, 출석

The singer finally appeared on the stage.
그 가수가 마침내 무대에 나타났다.
All the animals made fun of the ugly appearance of the duckling.
모든 동물들이 오리 새끼의 못생긴 외모를 놀려댔다.

---

012 **unless** [ənlés] conj. 만약 ~이 아니면, ~이 아닌 한

You will be late for school unless you hurry up.
서두르지 않으면 학교에 늦겠다.

Pop Quiz

1 영어를 우리말로 써 보세요.

1. unless _____
2. youth _____
3. embarrassed _____
4. basement _____
5. bush _____
6. appear _____

2 단어의 빠진 부분을 완성시켜 보세요.

1. 젊은이   y _ _ th
2. 나타나다   _ pp _ _ r
3. 덤불   b _ sh
4. 지하실   b _ s _ m _ nt
5. 당황한   _ mb _ rr _ ss _ d
6. 만약 ~이 아니면   _ nl _ ss

3 주어진 철자로 시작하는 단어로 쓰세요.

1. 젊은이   y _____
2. 나타나다   a _____
3. 지하실   b _____
4. 만약 ~이 아니면   u _____
5. 덤불   b _____
6. 당황한   e _____

013 **express** [iksprés] v. 표현하다, 나타내다 a. 급행의
expression [ikspréʃən] n. 표정, 표현

[expressed-expressed-expressing]

The artist expressed his feeling by painting pictures.
그 예술가는 그의 감정을 그림을 그림으로써 표현했다.
The girl always has a sad expression on her face.
그 소녀는 언제나 얼굴에 슬픈 표정을 짓고 있다.

014 **worth** [wəːrθ] n. 가치 (*syn.* value) a. 가치가 있는

We didn't recognize the worth of the treasure.
우리는 그 보물의 가치를 알아차리지 못했다.
This movie is worth watching. 이 영화는 볼 가치가 있다.

015 **account** [əkáunt] n. 은행 계좌, 거래 v. 설명하다

I opened an account at the bank. 나는 그 은행에 계좌를 개설했다.

016 **concentrate** [kánsəntrèit] v. 집중하다, 전념하다

[concentrated-concentrated-concentrating]

I can't concentrate on studying while I listen to music.
나는 음악을 듣고 있는 동안에는 공부에 집중 할 수 없다.

017 **degree** [digríː] n. (각도, 온도계의) 도, 정도, 학위

It was 12 degrees at Celsius today. 오늘은 섭씨 12도였다.

018 **confused** [kənfjúːzd] a. 어리둥절한, 헷갈리는
confuse [kənfjúːz] v. 혼동하다, 혼란시키다

[confused-confused-confusing]

Most students may be confused if they hear the news.
그 소식을 들으면 대부분의 학생들은 어리둥절해 할 지 모른다.
The teacher always confuses me with my twin brother.
그 선생님은 언제나 나와 내 쌍둥이 형을 혼동한다.

019 **hardly** [háːrdili] ad. 거의 ~않다

I hardly go to bed late. 나는 거의 잠자리에 늦게 들지 않는다.

Pop Quiz

1 영어를 우리말로 써 보세요.

1. degree _____
2. express _____
3. account _____
4. concentrate _____
5. hardly _____
6. confused _____
7. worth _____

2 단어의 빠진 부분을 완성시켜 보세요.

1. 집중하다 c _ nc _ ntr _ t _   2. 은행 계좌   _ cc _ _ nt
3. 어리둥절한 c _ nf _ s _ d   4. 가치가 있는 w _ rth
5. 거의 ~않다 h _ rdl _   6. 도   d _ gr _ _
7. 표현하다   _ xpr _ ss

3 주어진 철자로 시작하는 단어로 쓰세요.

1. 거의 ~않다   h _____
2. 어리둥절한   c _____
3. 가치가 있는   w _____
4. 집중하다   c _____
5. 표현하다   e _____
6. 도   d _____
7. 은행 계좌   a _____

020 **agriculture** [ǽgrikʌltʃər] n. 농업
Agriculture is the first industry. 농업은 1차 산업이다.

021 **borrow** [bá:rou] v. 빌리다, 꾸다 [borrowed-borrowed-borrowing]
Can I borrow your dictionary? 사전 좀 빌려도 돼?

022 **complete** [kəmplí:t] v. 끝내다, 완성하다 a. 완전한, 빠진 곳이 없는
[completed-completed-completing]
I has not completed my English homework yet.
나는 아직 영어 숙제를 끝내지 못했다.
The list of students is not complete. 그 학생 명단은 완전하지 않습니다.

023 **anxious** [ǽŋkʃəs] a. 몹시 바라는, 걱정하는
anxiety [æŋzáiəti] n. 걱정, 근심, 열망
A lot of youths are anxious for wealth.
많은 젊은이들이 부귀를 바라고 있다.
The anxiety about the test made me sick.
시험에 대한 걱정이 나를 아프게 했다.

024 **according** [əkɔ́:rdiŋ] ad. ~에 따라서, ~에 의하면(to)
According to today's weather forecast, it will be rainy and cold
in the afternoon.
오늘의 날씨 예보에 따르면 오후에는 비가 오고 추워질 것이다.

025 **declare** [diklɛ́ər] v. 선언하다, 단언하다 [declared-declared-declaring]
The chairman declared the meeting closed.
의장은 회의가 끝났음을 선언했다.

026 **creative** [kriéitiv] a. 창의적인, 창조의, 독창적인
creation [kri:éiʃən] n. 창조
The teacher realized that the student's answer was very creative.
선생님은 그 학생의 답이 매우 창의적이라는 것을 깨달았다.
Imitation is the mother of Creation. (격언) 모방은 창조의 어머니다.

Pop Quiz

1 영어를 우리말로 써 보세요.

1. complete _____
2. borrow _____
3. according _____
4. declare _____
5. creative _____
6. anxious _____
7. agriculture _____

2 단어의 빠진 부분을 완성시켜 보세요.

1. ~에 따라서 _ cc _ rd _ ng
2. 농업 _ gr _ c _ lt _ r _
3. 몹시 바라는 _ nx _ _ s
4. 빌리다 b _ rr _ w
5. 창의적인 cr _ _ t _ v _
6. 선언하다 d _ cl _ r _
7. 끝내다 c _ mpl _ t _

3 주어진 철자로 시작하는 단어로 쓰세요.

1. 빌리다 b_____
2. 선언하다 d_____
3. 농업 a_____
4. 창의적인 c_____
5. 끝내다 c_____
6. 몹시 바라는 a_____
7. ~에 따라서 a_____

027 **distribute** [distríbjuːt] n. 나누어주다, 배포하다, 분배하다
distribution [dìstrəbjúːʃən] n. 분배, 배급, 분포
[distributed-distributed-distributing]

The teacher distributed worksheets to the students.
선생님은 학생들에게 학습지를 나누어주셨다.
The unequal distribution of wealth is worse recently.
최근 부의 불평등한 분배가 심각해지고 있다.

028 **voice** [vɔis] n. 목소리, 음성
His voice was low and tender. 그의 목소리는 낮고 부드러웠다.

029 **stressful** [strésfəl] a. 스트레스가 많은
stress [stres] n. 스트레스, 압박, 압박감
Memorizing 30 words a day is too stressful.
하루에 30개의 단어를 외우는 것은 너무 스트레스가 많다.
Stress may make us weak and nervous.
스트레스는 우리를 약하고 불안하게 만들 수 있다.

030 **tray** [trei] n. 쟁반, 접시
She served me lunch on a tray. 그녀는 쟁반에 점심을 담아서 내게 주었다.

031 **consider** [kənsídər] v. 깊게 생각하다, 고려하다, 숙고하다
[considered-considered-considering]

You should consider the result of your behavior.
너는 네 행동의 결과를 깊이 생각해보아야 한다.

032 **effort** [éfərt] n. 노력, 수고
Thanks to her lifelong effort, she won the Nobel Peace prize.
그녀의 일생에 걸친 노력 덕택에 그녀는 노벨 평화상을 수상했다.
★ **make efforts** 노력하다
He made great efforts to pass the exam.
그는 시험에 합격하기 위해 엄청난 노력을 했다.

Pop Quiz

1 영어를 우리말로 써 보세요.

1. voice   _____
2. stressful   _____
3. consider   _____
4. effort   _____
5. tray   _____
6. distribute   _____

2 단어의 빠진 부분을 완성시켜 보세요.

1. 쟁반   tr _ y
2. 목소리   v _ _ c _
3. 노력   _ ff _ rt
4. 깊게 생각하다   c _ ns _ d _ r
5. 나누어주다   d _ str _ b _ t _
6. 스트레스가 많은   str _ ssf _ l

3 주어진 철자로 시작하는 단어로 쓰세요.

1. 노력   e _____
2. 목소리   v _____
3. 스트레스가 많은   s _____
4. 깊게 생각하다   c _____
5. 나누어주다   d _____
6. 쟁반   t _____

033 **serve** [sə:rv] v. 섬기다, 역할을 하다, 접대하다 [served-served-serving]
service [sə́:rvis] n. 서비스, 봉사, 시중

Slaves served masters in old times. 예전에 노예는 주인을 섬겼다.
Fast food restaurants are popular because the service is fast.
패스트푸드 식당은 서비스가 빠르기 때문에 인기가 있다.

034 **forgive** [fərgív] v. 용서하다 [forgave-forgiven-forgiving]

The teacher forgave him for stealing money.
그 선생님은 그가 돈을 훔친 것을 용서하셨다.

035 **elect** [ilékt] v. 선출하다, 선거하다 [elected-elected-electing]
election [ilékʃən] n. 선거

In March, we elect our class president.
3월에 우리는 반장을 선출한다.
There was a class president election on March 15th.
3월 15일에는 반장 선거가 있었다.

036 **senior** [sí:njər] a. 손위의, 선배의, 고령자의 n. 고등학교 3학년, 대학교 4학년

He is eight years senior to me. 그는 나보다 여덟 살 위이다.
My sister is a high school senior. 우리 누나는 고등학교 3학년생이다.

037 **retire** [ritáiər] v. 은퇴하다, 물러나다 [retired-retired-retiring]
retirement [ritáiərmənt] n. 은퇴, 은거

The founder of the company retired in 2005.
그 회사의 창립자는 2005년에 은퇴했다.
The actress has helped poor children since her retirement.
그 여배우는 은퇴 이후 가난한 어린아이들을 돕고 있습니다.

038 **resource** [rí:sɔ:rs] n. 자원, 원천

Oil is a limited resource. 석유는 제한된 자원이다.
★ **natural resources** 천연자원
Many African countries have lots of natural resources.
많은 아프리카 국가들은 풍부한 천연자원을 갖고 있다.

Pop Quiz

1 영어를 우리말로 써 보세요.

1. senior _____
2. retire _____
3. elect _____
4. serve _____
5. forgive _____
6. resource _____

2 단어의 빠진 부분을 완성시켜 보세요.

1. 섬기다   s _ rv _
2. 용서하다   f _ rg _ v _
3. 선출하다   _ l _ ct
4. 손위의   s _ n _ _ r
5. 은퇴하다   r _ t _ r _
6. 자원   r _ s _ _ rc _

3 주어진 철자로 시작하는 단어로 쓰세요.

1. 자원   r _____
2. 선출하다   e _____
3. 은퇴하다   r _____
4. 손위의   s _____
5. 섬기다   s _____
6. 용서하다   f _____

039 **summarize** [sʌ́məràiz] v. 요약하다

[summarized-summarized-summarizing]

The teacher summarized the difficult text into 3 sentences.

선생님은 그 어려운 단락을 3줄로 요약해 주셨다.

040 **sunstroke** [sʌ́nstròuk] n. 일사병

The students might have sunstroke if they keep standing outside.

계속 밖에 서 있으면 그 학생들은 일사병에 걸릴 지도 모른다.

041 **result** [rizʌ́lt] v. 결과가 나오다 n. 결과, 성과 (opp. cause)

[resulted-resulted-resulting]

Nothing will result. 어떤 것도 결과로 나오지 않을 것이다.

★ **as a result** 결과적으로, 그 결과로

As a result, he passed the entrance examination.

결과적으로, 그는 입학 시험에 합격했다.

★ **result from** ~의 결과이다

Many skin troubles result from the change of eating habits.

많은 피부 질환은 식습관의 변화의 결과이다.

042 **cause** [kɔːz] n. 원인, 이유 (opp. effect) v. ~을 일으키다

[caused-caused-causing]

Road repairing is often one major cause of a traffic jam.

도로 공사는 종종 교통 체증의 주요한 원인이 된다.

Eating too much salty food often causes stomach cancer.

소금이 들어간 음식을 너무 많이 먹는 것은 종종 위암을 일으킨다.

043 **serious** [síəriəs] a. 진지한, 중대한, 심각한

He had to quit his school because he had a serious disease.

그는 심각한 질병을 가지고 있어서 학교를 잠시 그만두어야만 했다.

044 **common** [kámən] a. 흔한, 공통의, 보통의

'Kim' is one of the most common surnames in Korea.

'김'은 한국에서 가장 흔한 성씨 중 하나이다.

Pop Quiz

1 영어를 우리말로 써 보세요.

1. cause _____
2. result _____
3. sunstroke _____
4. common _____
5. serious _____
6. summarize _____

2 단어의 빠진 부분을 완성시켜 보세요.

1. 결과가 나오다   r _ s _ lt
2. 일사병   s _ nstr _ k _
3. 진지한   s _ r _ _ _ _ s
4. 흔한   c _ mm _ n
5. 원인   c _ _ _ s _
6. 요약하다   s _ mm _ r _ z _

3 주어진 철자로 시작하는 단어로 쓰세요.

1. 원인   c _____
2. 요약하다   s _____
3. 결과가 나오다   r _____
4. 일사병   s _____
5. 흔한   c _____
6. 진지한   s _____

045　**bend** [bend]　v. 구부리다, 굽히다　　　　[bent-bent-bending]

He bent his knees and looked into the hole.

그는 무릎을 굽히고 구멍 안을 들여다보았다.

046　**deliver** [dilívər]　v. 배달하다, 전달하다　　[delivered-delivered-delivering]
　　delivery [dilívəri]　n. 배달

The boy delivered milk early in the morning.

그 소년은 이른 아침에 우유를 배달했다.

The Internet shopping mall has a free delivery service.

그 인터넷 쇼핑몰은 무료 배달 서비스를 한다.

047　**fluent** [flú:ənt]　a. 유창한, 말을 잘 하는

The new teacher speaks fluent English.

새로 오신 선생님은 영어를 유창하게 말하신다.

048　**role** [roul]　n. 역할, (연극/드라마의) 배역

What do you think the role of a teacher is in society?

사회에서 교사의 역할은 무엇입니까?

★ **play an important role in** ~에서 중요한 역할을 하다

You will play an important role in this society.

너는 이 사회에서 중요한 역할을 하게 될 것이다.

049　**channel** [tʃǽnl]　n. 수로, 해협, (통신) 채널

The English Channel lies between the North Sea and the Atlantic.

영국 해협은 북해와 대서양 사이에 놓여있다.

050　**charity** [tʃǽrəti]　n. 자선단체, 자선사업, 자선

The rich businessman promised to give all his property to charity after his death.

그 부유한 사업가는 죽은 후 그의 전 재산을 자선단체에 기부할 것을 약속했다.

Pop Quiz

1 영어를 우리말로 써 보세요.

1. deliver _____
2. charity _____
3. role _____
4. channel _____
5. fluent _____
6. bend _____

2 단어의 빠진 부분을 완성시켜 보세요.

1. 유창한　　　　　　fl _ _ nt
2. 배달하다　　　　　d _ l _ v _ r
3. 구부리다　　　　　b _ nd
4. 수로　　　　　　　ch _ nn _ l
5. 역할　　　　　　　r _ l _
6. 자선단체　　　　　ch _ r _ ty

3 주어진 철자로 시작하는 단어로 쓰세요.

1. 배달하다　　　　　d_____
2. 자선단체　　　　　c_____
3. 역할　　　　　　　r_____
4. 유창한　　　　　　f_____
5. 수로　　　　　　　c_____
6. 구부리다　　　　　b_____

051 **rest** [rest] v. 쉬다 n. 휴식, 안정, 나머지 [rested-rested-resting]

We stopped and rested under the tree.

우리는 걸음을 멈추고 나무 아래에서 쉬었다.

You should take a rest after you work hard.

열심히 일한 다음에는 휴식을 취해야 한다.

052 **fault** [fɔːlt] n. 결점, 잘못

My homeroom teacher always finds my faults.

우리 담임 선생님은 언제나 나의 결점만 찾아내신다.

053 **doubt** [daut] v. 의심하다, 수상하게 여기다 n. 의심, 의혹

doubtful [dáutfəl] a. 의심스러운, 의심을 품은

[doubted-doubted-doubting]

I doubt if you can complete the homework until tomorrow.

나는 네가 내일까지 숙제를 끝마칠 수 있을지 의심스러워.

It is doubtful that he can pass the exam.

그가 시험에 합격할 수 있을 지 의심스럽다.

054 **courage** [kə́ːridʒ] n. 용기, 배짱 (opp. cowardice)

encourage [enkə́ːridʒ] v. 용기를 주다

I don't have courage to go abroad by myself.

나는 혼자서 외국으로 나갈 용기를 가지고 있지 않다.

The teacher encouraged me, telling me not to give up.

내게 포기하지 말라며, 그 선생님은 나를 격려해주셨다.

055 **direction** [dirékʃən] n. 지시, 방향

direct [dirékt] v. 지도하다, 지시하다

Listen to the teacher's directions. 그 선생님의 지시를 잘 들으세요.

Who will direct your English report? 네 영어 보고서를 누가 지도하니?

056 **semester** [siméstər] n. 학기

The first semester usually starts on March second.

1학기는 보통 3월 2일에 시작됩니다.

Pop Quiz

1 영어를 우리말로 써 보세요.

1. fault _____
2. semester _____
3. doubt _____
4. rest _____
5. direction _____
6. courage _____

2 단어의 빠진 부분을 완성시켜 보세요.

1. 의심하다   d _ _ bt
2. 학기   s _ m _ st _ r
3. 쉬다   r _ st
4. 용기   c _ _ r _ g _
5. 지시   d _ r _ ct _ _ n
6. 결점   f _ _ lt

3 주어진 철자로 시작하는 단어로 쓰세요.

1. 학기   s _____
2. 의심하다   d _____
3. 쉬다   r _____
4. 결점   f _____
5. 지시   d _____
6. 용기   c _____

057   **silent** [sáilənt]   a. 조용한, 소리를 안 내는
           silence [sáiləns]   n. 침묵, 정숙

The school is silent at night.   학교는 밤에 조용하다.
Speech is silver, silence is gold.   (격언) 웅변은 은이요 침묵은 금이다.

---

058   **weapon** [wépən]   n. 무기

Many people believed that the country had nuclear weapons.
많은 사람들은 그 나라가 핵무기를 가지고 있을 것이라고 믿었다.

---

059   **difference** [dífərəns]   n. 차이점, 다름, 차이
           different [dífərənt]   a. 다른, 차이가 나는

There are a lot of differences between Korean culture and American culture.
한국 문화와 미국 문화 사이에는 많은 차이점이 있습니다.
You look very different from your mother.
너는 어머니와 매우 달라 보인다.

---

060   **task** [tæsk]   n. 과제, 직무

Did you complete the task by yourself?
너 혼자 힘으로 그 과제를 완성했니?

---

061   **correct** [kərékt]   a. 올바른, 정확한 (*opp.* incorrect)   v. 바로잡다, 고치다
                                           [corrected-corrected-correcting]

I could not guess the correct answer to the question.
나는 그 질문에 대한 올바른 답을 짐작할 수 없었다.
The English teacher corrected my wrong sentences.
영어 선생님은 내 잘못된 문장들을 고쳐주셨다.

---

062   **certain** [sə́ːrtn]   a. 확실한, 확실하다고 생각하는
           certainly [sə́ːrtnli]   ad. 확실히

It is certain to rain in the afternoon.   오후에 비가 올 것은 확실하다.
Certainly, he is good at speaking English.
확실히 그는 영어로 말하는데 능숙하다.

Pop Quiz

1 영어를 우리말로 써 보세요.

1. correct
2. difference
3. task
4. silent
5. weapon
6. certain

2 단어의 빠진 부분을 완성시켜 보세요.

1. 확실한   c _ rt _ _ n
2. 차이점   d _ ff _ r _ nc _
3. 과제   t _ sk
4. 조용한   s _ l _ nt
5. 올바른   c _ rr _ ct
6. 무기   w _ _ p _ n

3 주어진 철자로 시작하는 단어로 쓰세요.

1. 차이점   d
2. 과제   t
3. 올바른   c
4. 무기   w
5. 확실한   c
6. 조용한   s

063 **cancel** [kǽnsəl] v. 취소하다   [canceled-canceled-canceling]

The school canceled the school excursion because of heavy rain.

폭우 때문에 학교는 수학여행을 취소했다.

064 **chance** [tʃæns] n. 기회 (*syn.* opportunity), 가능성, 우연

It is a good chance for you to go abroad.

이것은 네가 외국에 갈 수 있는 좋은 기회이다.

★ **by chance** 우연히

I met a famous actor by chance at the department store.

나는 백화점에서 우연히 유명한 배우를 만났다.

065 **sensitive** [sénsətiv] a. 민감한, 예민한
sense [sens] n. 감각, 느낌

I am sensitive to cold.   나는 추위에 민감해. (추위를 잘 타.)
We have five senses.   우리는 다섯 개의 감각을 가지고 있다.

066 **deserve** [dizə́:rv] v. ~를 받을 만하다, ~할 만하다
               [deserved-deserved-deserving]

A hard worker deserves a large salary.

열심히 일하는 사람은 높은 봉급을 받을 만하다.

067 **especially** [ispéʃəli] ad. 특히

I like Korean dishes, especially Bulgogi.

나는 한국 요리, 특히 불고기를 좋아한다.

068 **shine** [ʃain] v. 빛나다, 태양이 비치다   [shone-shone-shining]

The stars shone brightly last night.   별들이 어젯밤에 밝게 빛났다.

069 **roof** [ruːf] n. 지붕

We found a dog sitting on the roof.

우리는 개 한 마리가 지붕 위에 앉아있는 것을 발견했다.

1 영어를 우리말로 써 보세요.

1. especially _____
2. shine _____
3. roof _____
4. cancel _____
5. sensitive _____
6. chance _____
7. deserve _____

2 단어의 빠진 부분을 완성시켜 보세요.

1. 빛나다   sh _ n _   2. 기회   ch _ nc _
3. 특히   _ sp _ c _ _ lly   4. 취소하다   c _ nc _ l
5. ~를 받을 만하다   d _ s _ rv _   6. 지붕   r _ _ f
7. 민감한   s _ ns _ t _ v _

3 주어진 철자로 시작하는 단어로 쓰세요.

1. 특히   e_____
2. 기회   c_____
3. 민감한   s_____
4. 빛나다   s_____
5. ~를 받을 만하다   d_____
6. 취소하다   c_____
7. 지붕   r_____

070   **funeral** [fjú:nərəl] n. 장례식

He was so shocked at her death that he couldn't even go to her funeral. 그는 그녀의 죽음에 너무 충격을 받아서 장례식에조차 갈 수 없었다.

071   **continue** [kəntínju:] v. 계속하다, 지속되다 (*opp.* stop)

[continued-continued-continuing]

Many students continue studying after school.
많은 학생들은 방과 후에도 공부를 계속한다.

072   **afford** [əfɔ́:rd] v. ~할 여유가 있다   [afforded-afforded-affording]

My family couldn't afford to buy an apartment at that time.
그때 우리 가족은 아파트를 살 여유가 없었다.

073   **respond** [rispánd] v. 대답하다, 응답하다
response [rispáns] n. 대답, 응답   [responded-responded-responding]

I was angry because the teacher didn't respond to my greeting.
선생님께서 내 인사에 대답이 없으셔서 화가 났다.
There was no response to the knock.   노크에 아무런 응답이 없었다.

074   **ignore** [ignɔ́:r] v. 무시하다   [ignored-ignored-ignoring]
ignorance [ígnərəns] n. 무지, 무식

The teacher ignored students' opinions.
그 선생님은 학생들의 의견을 무시하셨다.
I didn't answer the question, because I didn't want show my ignorance.   나는 무식을 보여주기 싫었기 때문에, 질문에 답하지 않았다.

075   **transportation** [træ̀nspərtéiʃən] n. 교통수단, 운송

Thanks to the development of transportation, we can travel around the world easily.
교통수단의 발달로, 우리는 전 세계를 쉽게 여행할 수 있다.

★ **public transportation** 대중교통
The public transportation is not easy to use around here.
이 근처에서는 대중교통 이용이 쉽지 않습니다.

Pop Quiz

1 영어를 우리말로 써 보세요.

1. transportation _____
2. respond _____
3. funeral _____
4. continue _____
5. ignore _____
6. afford _____

2 단어의 빠진 부분을 완성시켜 보세요.

1. 교통수단   tr _ nsp _ rt _ t _ _ n
2. 계속하다   c _ nt _ n _ _
3. ~할 여유가 있다   _ ff _ rd
4. 장례식   f _ n _ r _ l
5. 무시하다   _ gn _ r _
6. 대답하다   r _ sp _ nd

3 주어진 철자로 시작하는 단어로 쓰세요.

1. 대답하다   r_____
2. 교통수단   t_____
3. ~할 여유가 있다   a_____
4. 장례식   f_____
5. 계속하다   c_____
6. 무시하다   i_____

076 **figure** [fígjər] n. 모습, 숫자, 형태 v. 계산하다, 나타나다

[figured-figured-figuring]

I saw a figure like a ghost in the dark classroom.

나는 어두운 교실 안에서 유령과 같은 모습을 보았다.

★ **figure out** 이해하다

I finally figured it out. 나는 마침내 그것을 이해했다.

077 **principal** [prínsəpəl] n. 교장, 우두머리 a. 주요한, 앞장서는

The principal kicked the two students out.

교장 선생님은 그 두 학생을 퇴학시켰다.

What is the principal cause of the failure of the policy?

그 정책이 실패한 주요한 원인은 무엇입니까?

078 **wherever** [hwɛərévər] conj. 어디에 ~하든지, ~하는 곳은 어디라도

Wherever you go, you can come across many foreigners.

당신이 어디로 가든지, 많은 외국인들을 마주칠 수 있다.

079 **whenever** [hwenévər] conj. ~할 때는 언제나, 언제라도

You can use my cell phone whenever you want.

네가 원할 때는 언제라도 내 핸드폰을 이용할 수 있다.

080 **stretch** [stretʃ] v. 쭉 뻗다, 기지개켜다 [stretched-stretched-stretching]

The cat stretched its for legs. 고양이가 네 다리를 쭉 뻗었다.

081 **discover** [diskʌ́vər] v. 발견하다 [discovered-discovered-discovering]
discovery [diskʌ́vəri] n. 발견, 발견물

Scientists have discovered a lot of sea creatures at the bottom of the ocean. 과학자들은 해저에서 많은 해양 생물들을 발견했다.

Let me show your discovery. 내가 발견한 것을 보여주도록 해 줘.

082 **relax** [rilǽks] v. 긴장을 풀다, 쉬다 [relaxed-relaxed-relaxing]

My father relaxes at night by taking a hot bath.

아버지께서는 밤에는 목욕을 하면서 쉬십니다.

1 영어를 우리말로 써 보세요.

1. principal _____
2. relax _____
3. wherever _____
4. whenever _____
5. figure _____
6. discover _____
7. stretch _____

2 단어의 빠진 부분을 완성시켜 보세요.

1. 교장　　pr _ nc _ p _ l　　　2. 긴장을 풀다　　r _ l _ x
3. 쭉 뻗다　str _ tch　　　4. 발견하다　　d _ sc _ v _ r
5. 모습　　f _ g _ r _　　　6. 할 때는 언제나　wh _ n _ v _ r
7. 어디에 ~하든지　wh _ r _ v _ r

3 주어진 철자로 시작하는 단어로 쓰세요.

1. 긴장을 풀다　　　r_____
2. 교장　　　　　　p_____
3. 발견하다　　　　d_____
4. 쭉 뻗다　　　　s_____
5. 어디에 ~하든지　w_____
6. 할 때는 언제나　w_____
7. 모습　　　　　　f_____

083   **immediately** [imíːdiətli] ad. 즉시, 곧 (*syn.* at once)
immediate [imíːdiət] a. 즉각적인, 즉시의, 당장의
Call me immediately.   제게 즉시 전화 주세요.
The teacher wanted my immediate answer.
선생님은 나의 즉각적인 대답을 원하셨다.

084   **blame** [bleim] v. 꾸짖다, 나무라다, 비난하다   [blamed-blamed-blaming]
The teacher blamed him for his careless words.
선생님은 그가 말을 함부로 한다고 꾸짖으셨다.

085   **reward** [riwɔ́ːrd] v. 보답하다, 보상을 주다   n. 보상, 보답
[rewarded-rewarded-rewarding]
The old woman rewarded the boy with 5 dollars for his help.
그 노인은 소년에게 도움에 대해서 5달러로 보답했다.
The boy received a reward for finding the missing child.
그 소년은 미아를 찾아준 대가를 받았다.

086   **talent** [tǽlənt] n. 재능, 소질
talented [tǽləntid] a. 재능이 있는, 유능한
The student has an amazing talent for writing.
그 학생은 글쓰기에 놀라운 재능을 가지고 있다.
She is a talented actress.   그녀는 재능이 있는 배우이다.

087   **root** [ruːt] n. 뿌리 v. 뿌리내리다   [rooted-rooted-rooting]
I dug out the root of the orchid.   나는 그 난초의 뿌리를 파냈다.
A tree which roots deep into the soil will not wither during a
drought.   뿌리 깊은 나무는 가뭄에도 마르지 않는다.

088   **scold** [skould] v. 꾸짖다   [scolded-scolded-scolding]
The teacher scolded him for being late for his class.
선생님은 그가 수업에 늦은 것을 꾸짖으셨다.

Pop Quiz

1 영어를 우리말로 써 보세요.

1. blame   _____
2. scold   _____
3. talent   _____
4. root   _____
5. immediately   _____
6. reward   _____

2 단어의 빠진 부분을 완성시켜 보세요.

1. 즉시   _ mm _ d _ _ t _ ly
2. 재능   t _ l _ nt
3. 뿌리   r _ _ t
4. 보답하다   r _ w _ rd
5. 꾸짖다   bl _ m _
6. 꾸짖다   sc _ ld

3 주어진 철자로 시작하는 단어로 쓰세요.

1. 재능   t_____
2. 보답하다   r_____
3. 꾸짖다   s_____
4. 뿌리   r_____
5. 즉시   i_____
6. 꾸짖다   b_____

089 **wealth** [welθ] n. 재물, 재산, 부
wealthy [wélθi] a. 부유한, 부자인
People is anxious for only wealth nowadays.
사람들은 오늘날 오직 재물만을 갈망하고 있다.
The actress married a wealthy businessman.
그 배우는 부유한 사업가와 결혼했다.

090 **emergency** [imə́:rdʒənsi] n. 응급 상황, 비상사태
In case of emergency, call 119.   응급 상황에는 119로 전화하세요.
★ **emergency room** 응급실
She lies in the emergency room now.   그녀는 지금 응급실에 누워있다.

091 **develop** [divéləp] v. 개발하다, 발전시키다, 발달하다
development [divéləpmənt] n. 발달, 발전, 개발
[developed-developed-developing]
The southern area of the river was developed in the 1970s.
강의 남쪽 지역은 1970년대에 개발되었다.
The development of the Internet has changed our society.
인터넷의 발달은 우리의 사회를 변화시켰다.

092 **review** [rivjú:] v. 복습하다   [reviewed-reviewed-reviewing]
Before the test, you should review the lesson.
시험을 보기 전에 그 과를 복습해야만 해.

093 **wound** [wu:nd] n. 부상, 상처 v. 부상 입히다
[wounded-wounded-wounding]
The actress died from her wounds in the traffic accident.
그 여배우는 교통사고로 입은 부상으로 죽고 말았다.
The comedian was seriously wounded in the accident and died after 1 month.
그 코미디언은 사고에서 심각하게 부상을 입고 1달 뒤 죽고 말았다.

094 **drain** [drein] v. 물을 빼다, 배수 설비를 하다 n. 배수관, 배수로
She drained pasta.   그녀는 파스타의 물기를 뺐다.
The drain was stopped up.   배수관이 막혔다.

1 영어를 우리말로 써 보세요.

1. wealth _____
2. develop _____
3. review _____
4. emergency _____
5. drain _____
6. wound _____

2 단어의 빠진 부분을 완성시켜 보세요.

1. 재물   w _ _ lth
2. 응급 상황   _ m _ rg _ ncy
3. 개발하다   d _ v _ l _ p
4. 복습하다   r _ v _ _ w
5. 부상   w _ _ nd
6. 물을 빼다   dr _ _ n

3 주어진 철자로 시작하는 단어로 쓰세요.

1. 부상   w _____
2. 응급 상황   e _____
3. 물을 빼다   d _____
4. 재물   w _____
5. 개발하다   d _____
6. 복습하다   r _____

095 **contribute** [kəntríbjuːt] v. 공헌하다, 기여하다
contribution [kὰntrəbjúːʃən] n. 기여, 공헌

The teacher always says, "All of you can contribute much to this society."

선생님은 언제나 "너희 모두는 이 사회에 많은 것을 공헌할 수 있다"라고 말씀하십니다.

Thank you for your contribution.   당신의 기여에 감사드립니다.

096 **culture** [kʌ́ltʃər] n. 문화
cultural [kʌ́ltʃərəl] a. 문화의, 교양의

Teenage culture is changing rapidly.

십대들의 문화가 빠르게 변화하고 있다.

I found a lot of cultural differences between Korea and Japan.

나는 한국과 일본 사이의 많은 문화적 차이를 발견했다.

097 **spare** [spɛ́ər] a. 여분의, 예비의, 여가의 v. 아끼다

I have no spare money to buy it.   나는 그것을 살 여분의 돈이 없다.

He doesn't spare his time and money for her.

그는 그녀를 위해 시간과 돈을 아끼지 않는다.

098 **shock** [ʃɑk] n. 충격 v. 충격을 주다, 깜짝 놀라게 하다

She felt shocks several times.   그녀는 몇차례 충격을 느꼈다.

The teacher was shocked by the student's impolite words.

그 선생님은 학생의 무례한 말에 충격을 받으셨다.

099 **strength** [streŋkθ] n. 힘
strong [strɔːŋ] a. 힘센, 강한

He pushed the door with all his strength.

그는 모든 힘을 다해서 문을 밀었다.

He is strong enough to move the box.

그는 그 상자를 옮길 수 있을 만큼 충분히 힘세다.

100 **microscope** [máikrəskòup] n. 현미경

Could you tell me how to use this microscope?

이 현미경 사용법을 알려주시겠어요?

Pop Quiz

1 영어를 우리말로 써 보세요.

1. microscope _____
2. strength _____
3. shock _____
4. spare _____
5. culture _____
6. contribute _____

2 단어의 빠진 부분을 완성시켜 보세요.

1. 문화   c _ lt _ r _
2. 현미경   m _ cr _ sc _ p _
3. 힘   str _ ngth
4. 여분의   sp _ r _
5. 충격   sh _ ck
6. 공헌하다   c _ ntr _ b _ t _

3 주어진 철자로 시작하는 단어로 쓰세요.

1. 공헌하다   c _____
2. 문화   c _____
3. 여분의   s _____
4. 충격   s _____
5. 힘   s _____
6. 현미경   m _____

VOCA Perfect

001   **seem** [siːm] v. ~인 것 같다   [seemed-seemed-seeming]

The teacher seemed angry about something.

선생님은 무엇인가에 화가 나신 것 같았다.

---

002   **object** [ábdʒikt] n. 목적, 목적어, 물건, 물체 (*syn.* purpose, aim)

A lot of youths have no object of life.

많은 젊은이들이 인생에 목적을 가지고 있지 않다.

---

003   **suppose** [səpóuz] v. 가정하다, 생각하다

                                 [supposed-supposed-supposing]

Suppose that your boy friend were a popular singer.

네 남자 친구가 유명 가수라고 가정해 봐.

★ **be supposed to** ~하기로 되어 있다

The student was supposed to be here around 4, but he didn't appear.

그 학생은 네 시 정도에 이곳에 오기로 되어 있었는데, 그는 나타나지 않았다.

---

004   **merit** [mérit] n. 장점, 뛰어남 (*opp.* shortcoming, demerit)

Every student has his or her own merits.

모든 학생들은 자신만의 장점을 갖고 있다.

---

005   **ancestor** [ǽnsestər] n. 조상, 선조 (*opp.* descendant)

His ancestors came from Scotland.

그의 조상은 스코틀랜드 출신이다.

---

006   **outgoing** [áutgòuiŋ] a. 외향적인, 사교성이 풍부한

I am an outgoing person, so I like making new friends.

나는 외향적인 성격이라 친구 만드는 것을 좋아한다.

---

007   **source** [sɔːrs] n. 근원, 출처, 공급원

The source of his information was not known.

그의 정보의 출처는 밝혀지지 않았다.

1 영어를 우리말로 써 보세요.

1. seem _____
2. object _____
3. suppose _____
4. merit _____
5. ancestor _____
6. outgoing _____
7. source _____

2 단어의 빠진 부분을 완성시켜 보세요.

1. ~인 것 같다   s _ _ m
2. 목적   _ bj _ ct
3. 가정하다   s _ pp _ s _
4. 장점   m _ r _ t
5. 조상   _ nc _ st _ r
6. 외향적인   _ _ tg _ _ ng
7. 근원   s _ _ rc _

3 주어진 철자로 시작하는 단어로 쓰세요.

1. ~인 것 같다   s _____
2. 목적   o _____
3. 가정하다   s _____
4. 장점   m _____
5. 조상   a _____
6. 외향적인   o _____
7. 근원   s _____

008 **sour** [sáuər] a. 신, 시큼한

The grapes must be sour. I will not eat them.

그 포도는 실 것이 틀림없어. 나는 먹지 않을 테야.

---

009 **realistic** [ríːəlistik] a. 현실적인, 실제적인

The story was so realistic that everybody believed it.

그 이야기는 너무 사실적이라 모든 사람들이 그것을 믿었다.

---

010 **policy** [páləsi] n. 정책, 방침

The new education policy is based on the importance of English communication.

새로운 교육 정책은 영어 의사소통의 중요성을 기초로 한다.

---

011 **intend** [inténd] v. ~할 의도이다, ~할 생각이다

[intended-intended-intending]

intention [inténʃən] n. 의도, 의지

I didn't intend to hurt you.   너를 해칠 의도는 아니었어.

The teacher didn't know my intention to help her.

선생님은 그녀를 도우려는 내 의도를 알지 못했다.

---

012 **pain** [pein] n. 아픔, 통증, 고통
painful [péinfəl] a. 아픈, 고통을 주는

I felt a pain in my left foot, and found a nail under my foot.

나는 왼쪽 발에 통증을 느끼고 발밑에서 못을 하나 발견했다.

It is too painful to tell you about the story.

그 이야기를 네게 말하는 것은 너무 고통스러워.

---

013 **warn** [wɔːrn] v. 경고하다 [warned-warned-warning]
warning [wɔːrniŋ] n. 경고, 훈계

The teacher warned me not to be late for school any longer.

선생님은 내게 더 이상 늦지 말라고 경고했다.

The man ignored the doctor's warning.

그 남자는 의사의 경고를 무시했다.

Pop Quiz

1 영어를 우리말로 써 보세요.

1. realistic _____
2. warn _____
3. sour _____
4. intend _____
5. policy _____
6. pain _____

2 단어의 빠진 부분을 완성시켜 보세요.

1. 경고하다   w _ rn
2. 신   s _ _ r
3. ~할 의도이다   _ nt _ nd
4. 현실적인   r _ _ l _ st _ c
5. 정책   p _ l _ cy
6. 아픔   p _ _ n

3 주어진 철자로 시작하는 단어로 쓰세요.

1. 정책   p_____
2. 아픔   p_____
3. 경고하다   w_____
4. 현실적인   r_____
5. 신   s_____
6. ~할 의도이다   i_____

014   **struggle** [strʌ́gəl]   v. 힘겹게 ~하다, 고군분투하다

[struggled-struggled-struggling]

The fire fighters struggled to put out the fire.

그 소방관들은 불을 끄기 위해 사력을 다했다.

015   **medical** [médikəl]   a. 의학의, 의사의, 약품의
medicine [médəsin]   n. 약, 약품

He is a medical student.   그는 의과대학생이다.
Take this medicine every 6 hours.   이 약을 여섯 시간마다 드세요.

016   **particular** [pərtíkjələr]   a. 특별한, 특유한, 개별적인
particularly [pərtíkjələrli]   ad. 특별히

We eat a pork cutlet and french fries for lunch on a particular
day.   우리는 특별한 날에는 돈가스와 감자튀김을 점심으로 먹는다.
I am particularly interested in Japanese television dramas.

나는 특별히 일본 TV 드라마에 흥미가 있다.

017   **attractive** [ətrǽktiv]   a. 매력적인, 마음을 끄는

The actor is very attractive.   그 배우는 매우 매력적이다.

018   **steep** [sti:p]   a. 가파른, 경사가 급한

I go up a steep flight of stairs everyday to go to school.

나는 학교에 가기 위해 매일 경사가 급한 계단을 올라간다.

019   **campaign** [kæmpéin]   n. 캠페인, 운동

The organization is planning a campaign against smoking in
the street.   그 단체는 거리에서의 흡연에 반대하는 캠페인을 계획하고 있다.

020   **obstacle** [ábstəkl]   n. 장애물, 방해물

He thinks of his family as one of the obstacles to success.

그는 가족을 성공의 장애물 정도로만 생각한다.

021   **occur** [əkə́:r]   v. 일어나다, 발생하다, 머리에 떠오르다

[occurred-occurred-occurring]

Fires often occurs in winter.   겨울에는 화재가 자주 일어난다.

Pop Quiz

1 영어를 우리말로 써 보세요.

1. campaign   _____
2. occur   _____
3. attractive   _____
4. particular   _____
5. medical   _____
6. struggle   _____
7. steep   _____
8. obstacle   _____

2 단어의 빠진 부분을 완성시켜 보세요.

1. 가파른   st _ _ p
2. 캠페인   c _ mp _ _ gn
3. 특별한   p _ rt _ c _ l _ r
4. 일어나다   _ cc _ r
5. 힘겹게 ~하다   str _ ggl _
6. 의학의   m _ d _ c _ l
7. 장애물   _ bst _ cl _
8. 매력적인   _ ttr _ ct _ v _

3 주어진 철자로 시작하는 단어로 쓰세요.

1. 장애물   o _____
2. 의학의   m _____
3. 일어나다   o _____
4. 가파른   s _____
5. 특별한   p _____
6. 캠페인   c _____
7. 매력적인   a _____
8. 힘겹게 ~하다   s _____

022 **manage** [mǽniʤ] v. 그럭저럭 ~하다, 경영하다, 관리하다
management [mǽniʤmənt] n. 경영, 관리

[managed-managed-managing]

I managed to pass the entrance examination.
나는 그럭저럭 입학 시험에 합격했다.
The young man is responsible for the management of the shop.
그 젊은이는 그 가게의 경영을 맡고 있다.

023 **predict** [pridíkt] v. 예언하다, 예측하다   [predicted-predicted-predicting]
prediction [pridíkʃən] n. 예언, 예측

Nobody could predict the result of the experiment.
누구도 그 실험의 결과를 예측할 수 없었다.
The scientist's prediction about the comet was correct.
그 과학자의 혜성에 대한 예측은 옳았다.

024 **lift** [lift] v. 들어 올리다, 올리다   [lifted-lifted-lifting]
The box was too heavy to lift.
그 상자는 너무 무거워 들어 올릴 수가 없었다.

025 **view** [vjuː] n. 전망, 광경, 견해
The apartment complex blocks the wonderful view of the
mountain.   아파트 단지가 그 산의 멋진 전망을 가로막는다.

026 **leisure** [líːʒər] n. 여가, 한가한 때
Playing golf is one of the popular leisure activities in this country.
이 나라에서 골프를 치는 것은 가장 인기 있는 여가 활동 중 하나이다.

027 **cradle** [kréidl] n. 요람
From the cradle to the grave.   요람에서 무덤까지.

Pop Quiz

1 영어를 우리말로 써 보세요.

1. predict _____
2. manage _____
3. view _____
4. lift _____
5. cradle _____
6. leisure _____

2 단어의 빠진 부분을 완성시켜 보세요.

1. 들어 올리다   l _ ft
2. 요람   cr _ dl _
3. 그럭저럭 ~하다   m _ n _ g _
4. 여가   l _ _ s _ r _
5. 예언하다   pr _ d _ ct
6. 전망   v _ _ w

3 주어진 철자로 시작하는 단어로 쓰세요.

1. 그럭저럭 ~하다   m_____
2. 예언하다   p_____
3. 들어 올리다   l_____
4. 요람   c_____
5. 전망   v_____
6. 여가   l_____

028 **continent** [kɑ́ntənənt] n. 대륙
continental [kɑ̀ntənéntl] a. 대륙의, 대륙적인
Asia is the largest continent. 아시아는 가장 큰 대륙이다.
The continental climate makes the country very cold in winter.
대륙성 기후는 그 나라를 겨울에 매우 춥게 만든다.

029 **marine** [məríːn] a. 바다의, 해양의
We learned about marine life today. 우리는 오늘 해양 생물에 대해 배웠다.

030 **attack** [ətǽk] v. 공격하다 n. (병의) 발작, 공격
[attacked-attacked-attacking]
Sharks usually don't attack humans.
상어는 대개 사람을 공격하지 않는다.
The politician died of a heart attack. 그 정치가는 심장 발작으로 죽었다.

031 **similar** [símələr] a. 비슷한, 유사한 (*opp.* different)
similarity [sìməlǽrəti] n. 유사점, 유사
My style of wearing clothes is similar to yours.
내가 옷 입는 스타일은 너와 비슷해.
The police found a lot of similarities between the two crimes.
그 경찰은 그 두 사건 사이에서 많은 유사점을 발견했다.

032 **appointment** [əpɔ́intmənt] n. 예약, 약속
I have an appointment with a dentist after school.
나는 방과 후에 치과에 예약이 되어 있어요.

033 **traditional** [trədíʃənl] a. 전통의, 전통적인
tradition [trədíʃən] n. 전통, 관례
Koreans usually wear Korean traditional costumes on New
Year's Day. 한국 사람들은 설날에 대개 한국 전통 의상을 입는다.
We eat red bean gruel according to the old tradition on that day.
우리는 그날 오랜 전통에 따라 팥죽을 먹는다.

1 영어를 우리말로 써 보세요.

1. traditional _____
2. continent _____
3. attack _____
4. similar _____
5. marine _____
6. appointment _____

2 단어의 빠진 부분을 완성시켜 보세요.

1. 바다의　　　　　　m _ r _ n _
2. 예약　　　　　　　_ pp _ _ ntm _ nt
3. 대륙　　　　　　　c _ nt _ n _ nt
4. 비슷한　　　　　　s _ m _ l _ r
5. 공격하다　　　　　_ tt _ ck
6. 전통의　　　　　　tr _ d _ t _ _ n _ l

3 주어진 철자로 시작하는 단어로 쓰세요.

1. 바다의　　　　　　m_____
2. 공격하다　　　　　a_____
3. 예약　　　　　　　a_____
4. 대륙　　　　　　　c_____
5. 전통의　　　　　　t_____
6. 비슷한　　　　　　s_____

034 **shy** [ʃai] a. 부끄러워하는, 소심한 (*syn.* timid)
shyness [ʃáinis] n. 소심함, 수줍음

Don't be shy when you ask something you don't know.
네가 모르는 것을 물어볼 때 부끄러워하지 마라.
I am worried about my shyness. 나는 내 소심함이 걱정된다.

035 **contrast** [kántræst] n. 대조, 대비, 차이 v. 대비되다, 대조를 이루다
[contrasted-contrasted-contrasting]

We can see the contrast of colors in his paintings.
우리는 그의 그림에서 색채들의 대조를 볼 수 있다.

★ **in contrast** 대조적으로, 반대로
In contrast, boys enjoy physical activities.
대조적으로, 소년들은 신체 활동을 즐긴다.

036 **sophomore** [sáfəmɔ̀:r] n. (고등학교) 2학년 학생, (대학의) 2학년 학생

A sophomore is a student in the second year of high school.
'sophomore'는 고등학교 2학년 학생이다.

037 **spirit** [spírit] n. 정신, 영혼

We can feel the spirit of Korea through the Korean history and
culture. 우리는 한국의 역사와 문화를 통해 한국의 정신을 느낄 수 있다.

038 **death** [deθ] n. 죽음
dead [ded] a. 죽은, 사망한

I feel sorry for your grandfather's death.
네 할아버지의 죽음에 대해 유감으로 생각해.
The dead man was my friend. 죽은 남자는 내 친구였다.

039 **bead** [bi:d] n. 구슬

My hobby is making bead accessaries.
내 취미는 구슬 액세서리를 만드는 것이다.

Pop Quiz

1 영어를 우리말로 써 보세요.

1. sophomore _____
2. spirit _____
3. contrast _____
4. shy _____
5. death _____
6. bead _____

2 단어의 빠진 부분을 완성시켜 보세요.

1. 2학년 학생 s _ ph _ m _ r _
2. 부끄러워하는 sh _
3. 구슬 b _ _ d
4. 대조 c _ ntr _ st
5. 죽음 d _ th
6. 정신 sp _ r _ t

3 주어진 철자로 시작하는 단어로 쓰세요.

1. 부끄러워하는 s _____
2. 대조 c _____
3. 2학년 학생 s _____
4. 정신 s _____
5. 죽음 d _____
6. 구슬 b _____

040 **practice** [prǽktis] v. 연습하다, 실천하다 n. 습관, 실행, 연습

[practiced-practiced-practicing]

practical [prǽktikəl] a. 실용적인, 실제적인

He practices listening English by watching some English programs
on TV. 그는 TV에서 영어 프로그램을 시청함으로써 영어 듣기를 연습한다.

The company plans to teach its workers practical English.

그 회사는 사원들에게 실용적인 영어를 가르칠 계획이다.

041 **refuse** [rifjúːz] v. 거절하다 [refused-refused-refusing]

refusal [rifjúːzəl] n. 거절, 거부

The singer refused to talk about his divorce.

그 가수는 이혼에 대해 말하는 것을 거부했다.

She was disappointed at my refusal to come to her birthday
party. 그녀는 내가 생일 파티에 올 것을 거절한 것에 실망했다.

042 **waste** [weist] v. 낭비하다, 허비하다 n. 낭비 [wasted-wasted-wasting]

wasteful [wéistfəl] a. 낭비하는

Don't waste time on playing computer games.

컴퓨터 게임을 하면서 시간을 낭비하지 마라.

She spends much money on clothes and bags. She is a wasteful
person. 그녀는 옷과 가방에 돈을 많이 쓴다. 그녀는 낭비하는 사람이다.

043 **cure** [kjuər] v. 치료하다, 낫게 하다 (*syn.* heal) n. 치료법, 치유법

[cured-cured-curing]

Aspirin will cure your headache. 아스피린이 네 두통을 낫게 할 거야.

There is no cure for her rare disease. 그녀의 희귀병에는 치료법이 없다.

044 **tax** [tæks] n. 세금

We must pay our taxes. 우리는 세금을 내야만 한다.

045 **overeat** [òuvəríːt] v. 과식하다 [overate-overeaten-overeating]

Overeating is not good for your health. 과식은 건강에 좋지 않다.

Pop Quiz

1 영어를 우리말로 써 보세요.

1. practice _____
2. overeat _____
3. cure _____
4. tax _____
5. refuse _____
6. waste _____

2 단어의 빠진 부분을 완성시켜 보세요.

1. 과식하다   _ v _ r _ _ t
2. 연습하다   pr _ ct _ c _
3. 거절하다   r _ f _ s _
4. 치료하다   c _ r _
5. 세금   t _ x
6. 낭비하다   w _ st _

3 주어진 철자로 시작하는 단어로 쓰세요.

1. 연습하다   p_____
2. 치료하다   c_____
3. 세금   t_____
4. 낭비하다   w_____
5. 거절하다   r_____
6. 과식하다   o_____

046   **complicated** [kámpləkèitid]   a. 복잡한 (*opp.* uncomplicated)

This sentence is so complicated that I can't understand it.

이 문장은 너무 복잡해서 난 이해할 수 없어.

---

047   **laughter** [lǽftər]   n. 웃음소리, 웃음
laugh [læf]   v. 웃다

I heard his laughter in the next room.

나는 옆방에서 그의 웃음소리를 들었다.

She started to laugh suddenly.   그녀는 갑자기 웃기 시작했다.

---

048   **beware** [biwɛ́ər]   n. 조심하다, 경계하다   [bewared-bewared-bewaring]

The sign says, "Beware of the fall of rocks."

표지판에는 "낙석을 조심하시오." 라고 적혀 있다.

---

049   **proverb** [právə:rb]   n. 속담, 교훈

She knows a lot of Korean proverbs even though she is a foreigner.   그녀는 외국인이지만 많은 한국 속담을 알고 있다.

---

050   **settle** [sétl]   v. 정착하다, 안정시키다, 문제를 해결하다

[settled-settled-settling]

His ancestors settled in America about 150 years ago.

그의 조상들은 약 150년 전에 미국에 정착했다.

---

051   **succeed** [səksíːd]   v. 성공하다   [succeeded-succeeded-succeeding]
success [səksés]   n. 성공, 성공작
successful [səksésfəl]   a. 성공적인, 좋은 결과의

Most students succeeded in passing the test before December.

대부분의 학생들이 12월이 되기 전에 그 테스트를 통과하는 데 성공했다.

His parents were really happy about his success.

그의 부모님은 그의 성공에 정말로 기뻐하셨다.

More than six million people watched the movie. The movie was very successful.

600만 명 이상의 사람들이 그 영화를 보았다. 그 영화는 매우 성공적이었다.

Pop Quiz

1 영어를 우리말로 써 보세요.

1. laughter _____
2. proverb _____
3. beware _____
4. settle _____
5. complicated _____
6. succeed _____

2 단어의 빠진 부분을 완성시켜 보세요.

1. 조심하다   b _ w _ r
2. 복잡한   c _ mpl _ c _ t _ d
3. 정착하다   s _ ttl _
4. 속담   pr _ v _ rb
5. 웃음소리   l _ _ ght _ r
6. 성공하다   s _ cc _ _ d

3 주어진 철자로 시작하는 단어로 쓰세요.

1. 복잡한   c _____
2. 웃음소리   l _____
3. 조심하다   b _____
4. 속담   p _____
5. 정착하다   s _____
6. 성공하다   s _____

052 **junior** [dʒúːnjər] n. (대학의) 3학년 학생, 손아랫 사람 a. 연하의, 손아래의

My brother is n junior in college. 우리 형은 대학 3학년 학생입니다.

He is junior to me by 2 years. 그는 나보다 2살 연하이다.

---

053 **physical** [fízikəl] a. 신체의, 자연의, 물리적인(물질적인)

Boys usually prefers physical activities.

소년들은 대개 신체 활동을 더 좋아한다.

---

054 **forward** [fɔ́ːrwərd] ad. 앞쪽으로

One of the students stepped forward.

학생 중 하나가 앞으로 걸어 나왔다.

★ **look forward to** ~을 기대하다

I'm looking forward to the summer vacation.

나는 여름 방학을 기대하고 있다.

---

055 **bless** [bles] v. 축복하다, 은혜를 베풀다 [blessed-blessed-blessing]

God bless you!

(당신에게) 하나님의 축복을 빕니다. (재채기 했을 때 하는 말)

---

056 **competition** [kàmpətíʃən] n. 경기, 경쟁, 시합
competitive [kəmpétətiv] a. 경쟁력 있는, 경쟁적인

He couldn't join any international competitions for one year.

그는 1년 동안 국제 경기에 참여할 수 없었다.

You should study English hard to be a competitive person.

경쟁력 있는 사람이 되기 위해 영어 공부를 열심히 해야 한다.

---

057 **mine** [main] n. 광산

There was a gold mine near this village.

이 마을 근처에는 금광이 하나 있었다.

Pop Quiz

1 영어를 우리말로 써 보세요.

1. forward _____
2. bless _____
3. physical _____
4. mine _____
5. competition _____
6. junior _____

2 단어의 빠진 부분을 완성시켜 보세요.

1. 3학년 학생   j _ n _ _ r
2. 축복하다   bl _ ss
3. 앞쪽으로   f _ rw _ rd
4. 경기   c _ mp _ t _ t _ _ n
5. 광산   m _ n _
6. 신체의   phys _ c _ l

3 주어진 철자로 시작하는 단어로 쓰세요.

1. 축복하다   b_____
2. 경기   c_____
3. 광산   m_____
4. 신체의   p_____
5. 앞쪽으로   f_____
6. 3학년 학생   j_____

058 **thought** [θɔːt] n. 생각, 사고
thoughtful [θɔ́ːtfəl] a. 생각이 깊은, 사려 깊은
think [θiŋk] v. 생각하다

What is your thought about the problem?
그 문제에 대한 네 생각은 뭐니?
My brother is thoughtful about everything.
우리 형은 모든 일에 사려가 깊다.
I think my homeroom teacher is too strict.
나는 우리 담임 선생님이 너무 엄격하시다고 생각해.

---

059 **straw** [strɔː] n. 짚, 빨대

A drowning man will catch a straw.
물에 빠진 사람은 지푸라기라도 잡는다.

---

060 **realize** [ríːəlàiz] v. 깨닫다, 실감하다, 실현시키다 [realized-realized-realizing]
realization [rìːələzéiʃən] n. 실현, 깨달음

I realized that I made a serious mistake.
나는 심각한 실수를 저질렀음을 깨달았다.
He made great efforts for the realization of his dream.
그는 꿈의 실현을 위해 엄청난 노력을 했다.

---

061 **punish** [pʌ́niʃ] v. 처벌하다, 벌하다   [punished-punished-punishing]
punishment [pʌ́niʃmənt] n. 처벌

The student will be punished for bullying his classmates.
그 학생은 급우들을 괴롭힌 것으로 처벌받을 것입니다.
The punishment was too harsh for a little child.
그 처벌은 어린 아이에게는 너무 가혹했다.

---

062 **rent** [rent] v. (기계, 집 등을) 임대하다, 빌리다 n. 집세, 임대료
[rented-rented-renting]

My father is going to rent a car at Jeju Island.
아버지는 제주도에서 차를 빌리려고 하신다.
You should pay your rent tomorrow.   내일은 집세를 지불해야 합니다.

1 영어를 우리말로 써 보세요.

1. punish _____
2. rent _____
3. straw _____
4. thought _____
5. realize _____

2 단어의 빠진 부분을 완성시켜 보세요.

1. 짚   str _ w
2. 처벌하다   p _ n _ sh
3. 임대하다   r _ nt
4. 생각   th _ _ ght
5. 깨닫다   r _ _ l _ z _

3 주어진 철자로 시작하는 단어로 쓰세요.

1. 생각   t_____
2. 짚   s _____
3. 임대하다   r_____
4. 처벌하다   p_____
5. 깨닫다   r_____

063 **capable** [kéipəbl] a. 유능한, ~할 능력이 있는 (*syn.* able)
capability [kèipəbíləti] n. 재능, 능력
Miss Davis is a capable English teacher.
Davis 양은 유능한 영어 교사입니다.
The student has capability to do it by himself.
그 학생은 그 일을 혼자 해 낼 능력이 있다.

---

064 **vehicle** [ví:ikl] n. 탈 것, 차
Mr. Fog found that there were few vehicles in the village.
Fog 씨는 그 마을에는 탈 것이 거의 없다는 것을 발견했다.

---

065 **chase** [tʃeis] v. 뒤쫓다, 추격하다 [chased-chased-chasing]
The dog barked at me and started to chase me.
그 개가 나를 보고 짖더니 나를 쫓아 달리기 시작했다.

---

066 **within** [wiðín] p. ~이내에, ~안쪽에서
The class ends within 15 minutes. 수업은 15분 이내에 끝날 것이다.

---

067 **schedule** [skédʒu(:)l] n. 일정, 계획, 시간표
We visited the old temple according to the schedule.
우리는 일정에 따라 그 낡은 절을 방문했다.

---

068 **rarely** [rέərli] ad. 거의 ~않는, 드물게
rare [rεər] a. 희귀한, 드문
I rarely watch TV after school. 나는 방과 후에 TV를 거의 보지 않는다.
She died of a rare disease. 그녀는 희귀한 병으로 죽고 말았다.

---

069 **fan** [fæn] n. 팬
The idol singer has a lot of fans.
그 아이돌 가수는 많은 팬들을 갖고 있다.

1 영어를 우리말로 써 보세요.

1. chase _____
2. vehicle _____
3. schedule _____
4. rarely _____
5. fan _____
6. within _____
7. capable _____

2 단어의 빠진 부분을 완성시켜 보세요.

1. 탈 것   v _ h _ cl _
2. 거의 ~않는   r _ r _ ly
3. 뒤쫓다   ch _ s _
4. ~이내에   w _ th _ n
5. 팬   f _ n
6. 유능한   c _ p _ bl _
7. 일정   sch _ d _ l _

3 주어진 철자로 시작하는 단어로 쓰세요.

1. 팬   f _____
2. 거의 ~않는   r _____
3. 유능한   c _____
4. 탈 것   v _____
5. 뒤쫓다   c _____
6. ~이내에   w _____
7. 일정   s _____

070   **suggest** [səgdʒést]   v. 제안하다   [suggested-suggested-suggesting]
suggestion [səgdʒéstʃən]   n. 제안

My parents suggested a nice studying plan to me.
부모님은 내게 좋은 학업 계획을 제안하셨다.

I agreed with his suggestion to take a trip to Japan in winter.
나는 겨울에 일본 여행을 하자는 그의 제안에 동의했다.

---

071   **quite** [kwait]   ad. 꽤, 상당히

Although the boy looks small and weak, he is quite good at doing all kinds sports.
그 소년은 작고 약해 보이지만, 모든 종류의 운동에 꽤 능하다.

---

072   **bother** [báðər]   v. 귀찮게 하다, 괴롭히다, 성가시게 하다
[bothered-bothered-bothering]

Don't bother me to give pocket money.
용돈 달라면서 귀찮게 하지 마라.

---

073   **purpose** [pə́:rpəs]   n. 목적, 의도

What's the purpose of your visit to this country?
이 나라의 방문 목적은 무엇입니까?

★ **on purpose**   일부러, 고의로
She broke the computer on purpose.
그녀는 일부러 컴퓨터를 망가뜨렸다.

---

074   **situation** [sìtʃuéiʃən]   n. 상태, 상황, 처지

He remained calm even in the worst situation.
그는 최악의 상황에서조차 침착했다.

---

075   **regard** [rigá:rd]   v. ~로 여기다, 생각하다   n. 관계, 관련, 생각, 호의, 존경
[regarded-regarded-regarding]

Koreans regard the number 4 as the symbol of death.
한국인들은 숫자 4를 죽음의 상징으로 여긴다.

★ **give one's regard to**   ~에게 안부를 전하다
Please give my regard to your parents.
네 부모님에게 안부를 전해 줘.

Pop Quiz

1 영어를 우리말로 써 보세요.

1. regard   _____
2. situation   _____
3. quite   _____
4. bother   _____
5. purpose   _____
6. suggest   _____

2 단어의 빠진 부분을 완성시켜 보세요.

1. ~로 여기다   r _ g _ rd
2. 귀찮게 하다   b _ th _ r
3. 꽤   q _ _ t _
4. 목적   p _ rp _ s _
5. 상태   s _ t _ _ t _ _ n
6. 제안하다   s _ gg _ st

3 주어진 철자로 시작하는 단어로 쓰세요.

1. 상태   s _____
2. 목적   p _____
3. ~로 여기다   r _____
4. 꽤   q _____
5. 귀찮게 하다   b _____
6. 제안하다   s _____

076 **section** [sékʃən] n. 부분, 구역, 구획

Section 4 is for the books on natural science.

4구역은 자연 과학에 관련한 책들을 위한 곳입니다.

077 **survey** [səːrvéi] v. 조사하다 n. 조사　[surveyed-surveyed-surveying]

We surveyed 200 students of our school about their hobbies.

우리는 우리 학교 학생 200명을 취미에 대해 설문조사했다.

The survey shows that most students are attending private institutes after school.

그 조사는 대부분의 학생들이 방과 후에 사설 학원을 다니고 있다는 것을 보여준다.

078 **protein** [próutiːn] n. 단백질

Teenagers need to take enough protein.

십대들은 충분한 단백질을 섭취해야만 한다.

079 **extra** [ékstrə] a. 여분의 (syn. additional)

Do you really need extra shirts?

너 정말로 여분의 셔츠들이 필요하니?

080 **regret** [rigrét] v. 후회하다 n. 후회, 유감　[regretted-regretted-regretting]

I regretted that I had said such harsh words to her.

나는 그녀에게 그렇게 심한 말을 한 것을 후회했다.

He always says that he has no regret about the problem.

그는 언제나 그 문제에 대해 후회는 없다고 말한다.

081 **damage** [dǽmidʒ] v. 손해를 입히다, 손상시키다 n. 손해, 손상

[damaged-damaged-damaging]

The terrible case damaged the image of the school.

그 끔찍한 사건은 그 학교의 이미지를 손상시켰다.

The damage of my computer hard drive was caused by a kind of computer virus.

내 컴퓨터의 하드 드라이브 손상은 컴퓨터 바이러스 때문에 일어났다.

Pop Quiz

1 영어를 우리말로 써 보세요.

1. section   _____
2. protein   _____
3. damage   _____
4. regret   _____
5. survey   _____
6. extra   _____

2 단어의 빠진 부분을 완성시켜 보세요.

1. 후회하다   r _ gr _ t
2. 손해를 입히다   d _ m _ g _
3. 여분의   _ xtr _
4. 부분   s _ ct _ _ n
5. 조사하다   s _ rv _ y
6. 단백질   pr _ t _ _ n

3 주어진 철자로 시작하는 단어로 쓰세요.

1. 조사하다   s_____
2. 후회하다   r_____
3. 손해를 입히다   d_____
4. 부분   s_____
5. 여분의   e_____
6. 단백질   p_____

082   **remind** [rimáind]   v. 생각나게 하다, 일깨우다

[reminded-reminded-reminding]

You always remind me of my brother.

너는 언제나 우리 형을 생각나게 해.

083   **feed** [fiːd]   v. 먹이를 주다, 음식을 먹이다   [fed-fed-feeding]

Don't feed animals at the zoo.   동물원에서 동물에게 먹이를 주지 마세요.

084   **area** [έəriə]   n. 지역, 구역

There are a lot of factories in this area.   이 지역에는 공장들이 많다.

085   **audience** [ɔ́ːdiəns]   n. 관객, 청중

The audience were excited about the show.

관객들은 그 쇼에 흥분했다.

086   **specific** [spisífik]   a. 구체적인, 뚜렷한, 고유한

specifically [spisífikəli]   ad. 자세히, 상세히

You should write your specific purpose of studying.

공부를 하려는 구체적인 목적을 써야만 합니다.

The teacher explained the Korean War specifically.

선생님은 6 · 25 전쟁을 자세히 설명하셨다.

087   **mental** [méntl]   a. 정신의, 마음의

The artist suffered from the mental illness for all his life.

그 예술가는 평생을 정신 질환에 시달렸다.

088   **goods** [ɡudz]   n. 상품, 제품

We can buy electric goods very cheap at the store.

그 가게에서 전기 제품을 매우 싸게 살 수 있다.

Pop Quiz

1 영어를 우리말로 써 보세요.

1. feed _____

2. goods _____

3. specific _____

4. area _____

5. audience _____

6. remind _____

7. mental _____

2 단어의 빠진 부분을 완성시켜 보세요.

1. 정신의	m _ nt _ l	2. 구체적인	sp _ c _ f _ c
3. 먹이를 주다	f _ _ d	4. 관객	_ _ d _ _ nc _
5. 지역	_ r _ _	6. 생각나게 하다	r _ m _ nd
7. 상품	g _ _ ds		

3 주어진 철자로 시작하는 단어로 쓰세요.

1. 생각나게 하다   r_____

2. 상품   g_____

3. 관객   a_____

4. 구체적인   s_____

5. 먹이를 주다   f_____

6. 정신의   m_____

7. 지역   a_____

089 **present** [préznt] a. 현재의, 참석한, 출석한 (*opp.* absent) n. 현재, 선물

Let me know your present phone number.

네 현재 전화번호를 알려줘.

Students don't have to wear school hats at present.

학생들은 현재에는 학교 모자를 쓸 필요가 없다.

090 **absent** [ǽbsənt] a. 자리에 없는, 결석한 (*opp.* present)
absence [ǽbsəns] n. 결석, 부재

One of my friends has been absent from school for 3 days.

내 친구 중 하나가 학교에 3일이나 결석 중이다.

The teacher started to check the absence.

선생님은 결석을 점검하기 시작하셨다.

091 **pretend** [priténd] v. ~인 체하다   [pretended-pretended-pretending]

The student pretended to study hard.

그 학생은 공부를 열심히 하는 척 했다.

092 **depressed** [diprést] a. 우울한, 의기소침한
depress [diprés] v. 낙담시키다, 우울하게 하다
                [depressed-depressed-depressing]

I am usually depressed when it is cloudy or raining.

날이 흐릴 때나 비가 올 때 나는 대개 우울해진다.

The test result depressed me.   시험 결과는 나를 낙담시켰다.

093 **opportunity** [àpərtjú:nəti] n. 기회

All the student will be given an opportunity to go to America
and study.   모든 학생들은 미국으로 가서 공부할 기회가 주어질 것입니다.

094 **society** [səsáiəti] n. 사회, 공동체
social [sóuʃəl] a. 사회의

The family is a basic unit of society.   가족은 사회의 기본 단위이다.
We belong to various social groups.

우리는 다양한 사회 모임에 속해 있다.

Pop Quiz

1 영어를 우리말로 써 보세요.

1. society _____
2. present _____
3. depressed _____
4. opportunity _____
5. absent _____
6. pretend _____

2 단어의 빠진 부분을 완성시켜 보세요.

1. 우울한   d _ pr _ ss _ d
2. 기회   _ pp _ rt _ n _ ty
3. 현재의   pr _ s _ nt
4. ~인 체하다   pr _ t _ nd
5. 사회   s _ c _ _ ty
6. 자리에 없는   _ bs _ nt

3 주어진 철자로 시작하는 단어로 쓰세요.

1. 사회   s _____
2. 자리에 없는   a _____
3. 기회   o _____
4. 현재의   p _____
5. ~인 체하다   p _____
6. 우울한   d _____

095 **affair** [əfɛ́ər] n. 일, 사건, 사무

Some fathers are not interested in family affairs.

어떤 아버지들은 가족 일에 관심이 없다.

096 **monument** [mɑ́njumənt] n. 기념비, 기념물

The monument was built about 1300 years ago.

그 기념비는 약 1300년 전에 세워졌다.

097 **muscle** [mʌ́sl] n. 근육

A lot of boys are interested in having strong muscles.

많은 소년들이 강한 근육을 가지는 것에 관심이 많다.

098 **slot** [slɑt] n. 홈, 가늘고 긴 구멍

Insert a 500 won coin into the slot.

그 구멍에 500원짜리 동전을 넣으세요.

099 **steam** [sti:m] n. 증기, 김

I couldn't see outside through the window because of the steam.

나는 김 때문에 창문을 통해 밖을 볼 수 없었다.

1 영어를 우리말로 써 보세요.

1. slot _____
2. monument _____
3. affair _____
4. muscle _____
5. steam _____

2 단어의 빠진 부분을 완성시켜 보세요.

1. 근육   m _ scl _
2. 일   _ ff _ _ r
3. 기념비   m _ n _ m _ nt
4. 홈   sl _ t
5. 증기   st _ _ m

3 주어진 철자로 시작하는 단어로 쓰세요.

1. 근육   m _____
2. 기념비   m _____
3. 일   a _____
4. 증기   s _____
5. 홈   s _____

Memo

Lesson

4

VOCA Perfect

001   **raise** [reiz] v. 기르다, 양육하다, 올리다   [raised-raised-raising]

My grandparents raised 10 children.
우리 조부모님은 아이들을 10명이나 기르셨다.

002   **suddenly** [sʌ́dnli] ad. 갑자기
                 sudden [sʌ́dn] a. 갑작스러운

She suddenly yelled at me.   그녀는 갑자기 내게 소리쳤다.
Everybody was shocked at her sudden death.
모든 사람들이 그녀의 갑작스러운 죽음에 충격을 받았다.

003   **fare** [fɛər] n. 요금, 운임

What's the round fare to Busan?
부산까지의 왕복 요금은 얼마입니까?

004   **fantastic** [fæntǽstik] a. 환상적인, 굉장한, 엄청난

The scenery was so fantastic that we were excited.
그 풍경은 매우 환상적이어서 우린 모두 흥분했다.

005   **lend** [lend] v. (돈을 내고) 빌려 주다, 대여하다 (*opp.* borrow 잠깐 빌다)
                                           [lent-lent-lending]

Could you lend me three thousand won?
돈 3000원만 빌려 줄래?

006   **harvest** [háːrvist] n. 수확, 추수

The farmer was happy with the good harvest of rice.
그 농부는 쌀의 풍부한 수확을 기뻐했다.

007   **pollute** [pəlúːt] v. 오염시키다, 더럽히다   [polluted-polluted-polluting]

A lot of factories are polluting air and water.
많은 공장들이 공기와 물을 오염시키고 있다.

008   **abnormal** [æbnɔ́ːrməl] a. 이상한, 비정상의

The teacher has an abnormal personality.
그 선생님은 이상한 성격을 가지고 계신다.

Pop Quiz

1 영어를 우리말로 써 보세요.

1. fare _____
2. raise _____
3. fantastic _____
4. lend _____
5. abnormal _____
6. pollute _____
7. harvest _____
8. suddenly _____

2 단어의 빠진 부분을 완성시켜 보세요.

1. 이상한   _ bn _ rm _ l
2. 갑자기   s _ dd _ nly
3. 빌려 주다   l _ nd
4. 기르다   r _ _ s _
5. 환상적인   f _ nt _ st _ c
6. 요금   f _ r _
7. 오염시키다   p _ ll _ t _
8. 수확   h _ rv _ st

3 주어진 철자로 시작하는 단어로 쓰세요.

1. 갑자기   s _____
2. 수확   h _____
3. 요금   f _____
4. 오염시키다   p _____
5. 환상적인   f _____
6. 이상한   a _____
7. 기르다   r _____
8. 빌려 주다   l _____

009 **weed** [wiːd] n. 잡초

Do you know the name of this weed?

이 잡초의 이름을 알고 있니?

010 **nut** [nʌt] n. 호두, 견과류

The nut is too hard to crack with teeth.

그 호두는 너무 단단해서 이로 깰 수 없다.

011 **sure** [ʃuər] a. 확신하는, 꼭 ~하는
surely [ʃúərli] ad. 확실히

I am sure of his honesty. 나는 그의 정직을 확신합니다.
Surely, your answer is wrong. 확실히, 네 대답은 틀렸다.

012 **suffer** [sʌ́fər] v. 괴로워하다, 슬픔을 겪다 [suffered-suffered-suffering]

I've suffered from a bad headache since yesterday.

나는 어제부터 심한 두통으로 괴로워하고 있다.

013 **owe** [ou] v. 빚지다, 은혜를 입다, ~의 탓으로 돌리다 [owed-owed-owing]

I owed my sister ten thousand won. 나는 언니에게 1만원을 빚졌다.

014 **pitch** [pitʃ] v. 던지다, 내던지다 [pitched-pitched-pitching]

The student pitched his bag into the classroom.

그 학생은 자신의 가방을 교실로 던졌다.

015 **rear** [riər] n. 뒤쪽, 뒤편 (opp. front) v. 기르다 [reared-reared-rearing]

We decided to put our new lockers at the rear of the classroom.

우리는 새 사물함을 교실 뒤쪽에 놓기로 결정했다.

Pop Quiz

1 영어를 우리말로 써 보세요.

1. rear _____
2. suffer _____
3. nut _____
4. pitch _____
5. owe _____
6. sure _____
7. weed _____

2 단어의 빠진 부분을 완성시켜 보세요.

1. 던지다   p _ tch
2. 뒤쪽   r _ _ r
3. 확신하는   s _ r _
4. 호두   n _ t
5. 빚지다   _ w _
6. 괴로워하다   s _ ff _ r
7. 잡초   w _ _ d

3 주어진 철자로 시작하는 단어로 쓰세요.

1. 확신하는   s _____
2. 던지다   p _____
3. 잡초   w _____
4. 빚지다   o _____
5. 뒤쪽   r _____
6. 괴로워하다   s _____
7. 호두   n _____

016 **neighborhood** [néibərhùd] n. 근처, 인근
neighbor [néibər] n. 이웃, 이웃사람

One of my classmates has just moved to my neighborhood.

우리 반 아이들 중 하나가 막 근처로 이사했다.

I was surprised that my homeroom teacher is one of my neighbors.

담임 선생님이 이웃 분들 중 한 명이라서 놀랐다.

017 **handicapped** (*syn.* disabled, challenged) [hǽndikæpt]

a. 장애가 있는, 불구가 된 (현재는 완곡하게 challenged라는 표현을 씀)

His younger brother is physically handicapped, so he always helps him to go to school.

그의 남동생은 신체적 장애가 있어서, 그는 언제나 동생이 학교를 갈 수 있도록 돕는다.

018 **starve** [stɑːrv] v. 굶주리다, 굶어 죽다
starved [stɑːrvd] a. 굶주린

I'm starving! Do you have something to eat?

굶어 죽겠다. 뭐 먹을 것 좀 없니?

We saw a lot of starved children in the country.

우리는 그 나라에서 많은 굶주린 어린이들을 보았다.

019 **clay** [klei] n. 진흙, 찰흙, 점토

The children are making various things with clay.

그 어린이들이 찰흙으로 다양한 것들을 만들고 있다.

020 **thunderstorm** [θʌ́ndərstɔ̀ːrm] n. 뇌우

There may be a thunderstorm around the East Sea.

동해안에는 뇌우가 칠 것입니다.

021 **judge** [dʒʌdʒ] v. 판단하다, 재판하다 n. 재판관, 판사

[judged-judged-judging]

Don't judge a person by his appearance.

외모로 다른 사람을 판단하지 마세요.

The judge required him to attend the trial.

그 재판관은 그에게 재판에 참석하라고 요구했다.

1 영어를 우리말로 써 보세요.

1. clay _____
2. starve _____
3. judge _____
4. thunderstorm _____
5. handicapped _____
6. neighborhood _____

2 단어의 빠진 부분을 완성시켜 보세요.

1. 장애가 있는   h _ nd _ c _ pp _ d
2. 굶주리다   st _ rv _
3. 뇌우   th _ nd _ rst _ rm
4. 판단하다   j _ dg _
5. 진흙   cl _ y
6. 근처   n _ _ ghb _ rh _ _ d

3 주어진 철자로 시작하는 단어로 쓰세요.

1. 장애가 있는   h_____
2. 판단하다   j_____
3. 뇌우   t_____
4. 진흙   c_____
5. 굶주리다   s_____
6. 근처   n_____

022 **scary** [skέəri] a. 무서운, 두려운

I heard someone walking behind me in the dark. I felt scary.

나는 어둠 속에서 누군가 내 뒤에서 걷는 것을 들었다. 나는 무서웠다.

---

023 **lonely** [lóunli] a. 외로운, 쓸쓸한

All of my close friends belong to other classes. I feel lonely.

나의 가까운 친구들은 모두 다른 반이다. 나는 외롭다.

---

024 **dig** [dig] v. 파다, 파내다   [dug-dug-digging]

I saw my dog dig a hole.   나는 내 개가 구멍을 파고 있는 것을 보았다.

---

025 **divide** [diváid] v. 나누다
division [divíʒən] n. 나눔, 분배, 나눗셈

My mother divided cake into six pieces.

어머니는 케이크를 여섯 조각으로 나누셨다.

The child has not learned division yet.

그 어린아이는 아직 나눗셈을 배우지 않았습니다.

---

026 **whistle** [hwísl] v. 휘파람을 불다   [whistled-whistled-whistling]

We walked along the road, whistling to the tune.

우리는 곡조에 맞추어 휘파람을 불며 길을 따라 걸었다.

---

027 **gentle** [dʒéntl] a. 상냥한, 부드러운, 온화한

We enjoyed the gentle spring breeze outside.

우리는 밖에서 부드러운 봄바람을 즐겼다.

---

028 **thumb** [θʌm] n. 엄지

The boy raised his thumb to mean "the best."

그 소년은 "최고야"라고 말하기 위해 그의 엄지를 치켜 올렸다.

---

029 **swing** [swiŋ] v. 흔들리다, 흔들다 n. 그네   [swung-swung-swinging]

The door was swinging in the wind.   문이 바람에 흔들리고 있었다.

There are two swings.   그네 두 대가 있다.

1 영어를 우리말로 써 보세요.

1. divide _____
2. dig _____
3. whistle _____
4. lonely _____
5. gentle _____
6. swing _____
7. thumb _____
8. scary _____

2 단어의 빠진 부분을 완성시켜 보세요.

1. 나누다   d _ v _ d _
2. 흔들리다   sw _ ng
3. 무서운   sc _ ry
4. 휘파람을 불다   wh _ stl _
5. 엄지   th _ mb
6. 상냥한   g _ ntl _
7. 파다   d _ g
8. 외로운   l _ n _ ly

3 주어진 철자로 시작하는 단어로 쓰세요.

1. 외로운   l _____
2. 파다   d _____
3. 휘파람을 불다   w _____
4. 나누다   d _____
5. 무서운   s _____
6. 흔들리다   s _____
7. 상냥한   g _____
8. 엄지   t _____

030 **cricket** [kríkit] n. 귀뚜라미

Have you ever seen a cricket? 귀뚜라미를 본 적이 있습니까?

031 **strike** [straik] v. 치다, 때리다 [struck-struck/stricken-striking]

He struck the thief with a tennis racket.

그는 도둑을 테니스 라켓으로 쳤다.

032 **require** [rikwáiər] v. 요청하다, 필요로 하다 [required-required-requiring]

The student required the teacher to change his seat.

그 학생은 선생님에게 자신의 자리를 바꾸어 달라고 요청했다.

033 **wrap** [ræp] v. 싸다, 포장하다

She started to wrap the books with paper.

그녀는 그 책들을 종이로 싸기 시작했다.

034 **melt** [melt] v. 녹다, 서서히 없어지다 [melted-melted/molten-melting]

The snow in the shadow will melt away soon.

응달의 눈은 곧 녹아 없어질 것이다.

035 **stare** [stɛər] v. 빤히 쳐다보다, 응시하다 [stared-stared-staring]

Why are you staring at me? 왜 나를 빤히 쳐다보니?

036 **throughout** [θru:aut] prep. 구석구석까지, ~동안

His great success was known throughout the country.

그의 큰 성공은 나라 안 구석구석까지 알려졌다.

037 **kneel** [ni:l] v. 무릎 꿇다 [kneeled/knelt-kneeled/knelt-kneeling]

The students were kneeling on the icy floor.

그 학생들은 얼음장 같은 바닥에 무릎을 꿇고 있었다.

038 **forever** [fərévər] ad. 영원히

The memory will remain in us forever.

그 기억은 우리에게 영원히 남을 것이다.

Pop Quiz

1 영어를 우리말로 써 보세요.

1. forever _____
2. require _____
3. melt _____
4. stare _____
5. strike _____
6. wrap _____
7. throughout _____
8. kneel _____
9. cricket _____

2 단어의 빠진 부분을 완성시켜 보세요.

1. 구석구석까지 thr _ _ gh _ _ t
2. 빤히 쳐다보다 st _ r _
3. 녹다 m _ lt
4. 치다 str _ k _
5. 귀뚜라미 cr _ ck _ t
6. 싸다 wr _ p
7. 영원히 f _ r _ v _ r
8. 무릎 꿇다 kn _ _ l
9. 요청하다 r _ q _ _ r _

3 주어진 철자로 시작하는 단어로 쓰세요.

1. 녹다 m _____
2. 요청하다 r _____
3. 싸다 w _____
4. 무릎 꿇다 k _____
5. 구석구석까지 t _____
6. 영원히 f _____
7. 치다 s _____
8. 귀뚜라미 c _____
9. 빤히 쳐다보다 s _____

039   **alligator** [ǽligèitər] n. 악어

She saw alligators when she was in Thailand.

그녀는 태국에서 악어를 보았다.

040   **treat** [triːt] v. 다루다, 치료하다, 대접하다   [treated-treated-treating]

A teacher should treat his or her students with love.

교사는 그의 학생들을 사랑으로 다루어야 한다.

041   **amazed** [əméizd] a. 놀란
amaze [əméiz] v. 몹시 놀라게 하다

We were all amazed at his serious face.

우리는 모두 그의 심각한 얼굴에 놀랐다.

The big rat amazed all the students.

그 큰 쥐는 학생들 모두를 놀라게 했다.

042   **diligent** [dílədʒənt] a. 부지런한

You should be more diligent.   너는 좀 더 부지런해져야 한다.

043   **impressive** [imprésiv] a. 인상적인, 감동적인

The last sentence of his letter was very impressive.

그의 편지의 마지막 문장은 매우 감동적이었다.

044   **misunderstand** [mìsʌndərstǽnd] v. 오해하다
misunderstanding [mìsʌndərstǽndiŋ] n. 오해

[misunderstood-misunderstood-misunderstanding]

The couple misunderstood each other and quarreled.

그 커플은 서로를 오해하고 말다툼을 했다.

What did you do to clear up the misunderstanding with your friend?   네 친구와의 오해를 풀기 위해 너는 무엇을 했니?

045   **position** [pəzíʃən] n. 자세, 위치, 직위

The third-graders were sitting in the upright position at the ceremony.   3학년들은 그 기념식에서 바른 자세로 앉아 있었다.

1 영어를 우리말로 써 보세요.

1. treat _____
2. misunderstand _____
3. diligent _____
4. alligator _____
5. amazed _____
6. impressive _____
7. position _____

2 단어의 빠진 부분을 완성시켜 보세요.

1. 자세   p _ s _ t _ _ n
2. 부지런한   d _ l _ g _ nt
3. 인상적인   _ mpr _ ss _ v _
4. 놀란   _ m _ z _ d
5. 오해하다   m _ s _ nd _ rst _ nd
6. 다루다   tr _ _ t
7. 악어   _ ll _ g _ t _ r

3 주어진 철자로 시작하는 단어로 쓰세요.

1. 자세   p _____
2. 놀란   a _____
3. 오해하다   m _____
4. 부지런한   d _____
5. 악어   a _____
6. 다루다   t _____
7. 인상적인   i _____

046
chemical [kémikəl] a. 화학의, 화학적인
chemistry [kémistri] n. 화학
chemist [kémist] n. 화학자

They found the dangerous chemical weapons in the country.
그들은 그 나라에서 위험한 화학 무기를 발견했다.
I'd like to major in chemistry in college.
나는 대학에 가서 화학을 전공하고 싶다.
She decided to be a chemist.   그녀는 화학자가 되기로 결심했다.

047
peaceful [píːsfəl] a. 평화스러운, 태평한
peace [piːs] n. 평화, 평온

The scenery was so quiet and peaceful that I fell asleep.
풍경이 조용하고 평화스러워서 나는 그만 잠들어버렸다.
Doves represent peace.   비둘기는 평화를 상징한다.

048
symphony [símfəni] n. 교향곡, 심포니

Beethoven composed nine symphonies during his life.
Beethoven은 일생 동안 아홉 개의 교향곡을 작곡했다.

049
poverty [pávərti] n. 빈곤, 가난
poor [puər] a. 가난한

They lived in serious poverty.   그들은 심각한 가난 속에 살았다.
He was too poor to continue his study.
그는 너무나 가난해서 공부를 계속할 수 없었다.

050
respect [rispékt] v. 존중하다, 존경하다 [respected-respected-respecting]

All the students want their teachers to respect them.
모든 학생들은 선생님들이 그들을 존중해주기를 원한다.

051
wipe [waip] v. 닦아내다, 씻다   [wiped-wiped-wiping]

He wiped his dirty glasses with his shirt.
그는 셔츠로 자신의 더러운 안경을 닦았다.

052
toward [tɔːrd] pp. ~을 향하여, ~쪽으로

The singers smiled and waved their hands toward their fans.
그 가수들은 자신의 팬들을 향해 미소 짓고 손을 흔들었다.

Pop Quiz

1 영어를 우리말로 써 보세요.

1. poverty _____
2. peaceful _____
3. toward _____
4. wipe _____
5. respect _____
6. chemical _____
7. symphony _____

2 단어의 빠진 부분을 완성시켜 보세요.

1. 빈곤　　　 p _ v _ rty　　　2. 교향곡　　　 s _ mph _ ny
3. 존중하다　 r _ sp _ ct　　　4. 닦아내다　　 w _ p _
5. 평화스러운 p _ _ c _ f _ l　6. ~을 향하여 t _ w _ rd
7. 화학의　　 ch _ m _ c _ l

3 주어진 철자로 시작하는 단어로 쓰세요.

1. ~을 향하여　　　 t _____
2. 빈곤　　　　　　 p _____
3. 존중하다　　　　 r _____
4. 교향곡　　　　　 s _____
5. 화학의　　　　　 c _____
6. 닦아내다　　　　 w _____
7. 평화스러운　　　 p _____

053 **suit** [suːt] n. 정장 한 벌 v. 어울리다, 잘 맞다   [suited-suited-suiting]

We all have to wear a suit and a tie for the ceremony.

우리 모두는 기념식을 위해 정장과 넥타이를 착용해야 한다.

This blue jacket suits you well.   이 파란색 자켓은 네게 잘 어울린다.

054 **scholar** [skɑ́lər] n. 학자

He is a well-known scholar.   그는 유명한 학자이다.

055 **usual** [júːʒuəl] a. 보통의, 평상시의 (*opp.* unusual)

usually [júːʒuəli] ad. 보통, 대개

It is very usual with him to be late for school.

그가 학교에 늦는 것은 보통이다.

We usually go to school before eight thirty.

우리는 보통 8시 30분 전에 학교에 간다.

056 **imitate** [ímitèit] v. 모방하다, 흉내 내다   [imitated-imitated-imitating]

Children like to imitate what they see in the TV.

어린이들은 그들이 TV에서 보는 것을 모방하기 좋아한다.

057 **pond** [pɑnd] n. 연못

If you throw a stone in the pond, a frog may be killed by the stone.   네가 연못에 돌을 던지면, 개구리가 그 돌에 맞아 죽을 수 있다.

058 **appetite** [ǽpitàit] n. 입맛, 식욕

I lost my appetite because I ate too many candies before dinner.

저녁 먹기 전에 사탕을 너무 먹어서 입맛을 잃고 말았다.

059 **cucumber** [kjúːkəmbər] n. 오이

My mother grows cucumbers in the back yard.

우리 어머니는 뒷마당에서 오이를 기르신다.

Pop Quiz

1 영어를 우리말로 써 보세요.

1. scholar _____
2. usual _____
3. pond _____
4. imitate _____
5. appetite _____
6. suit _____
7. cucumber _____

2 단어의 빠진 부분을 완성시켜 보세요.

1. 입맛 _ pp _ t _ t _   2. 보통의 _ s _ _ l
3. 연못 p _ nd   4. 모방하다 _ m _ t _ t _
5. 정장 한 벌 s _ _ t   6. 오이 c _ c _ mb _ r
7. 학자 sch _ l _ r

3 주어진 철자로 시작하는 단어로 쓰세요.

1. 오이 c _____
2. 정장 한 벌 s _____
3. 보통의 u _____
4. 모방하다 i _____
5. 학자 s _____
6. 연못 p _____
7. 입맛 a _____

060 **argue** [ɑ́:rgju:] v. 주장하다, 논쟁하다   [argued-argued-arguing]
argument [ɑ́:rgjumənt] n. 말다툼, 논쟁

My father always argues that to study is students' responsibility.
우리 아버지는 언제나 공부하는 것은 학생의 의무라고 주장하신다.
I had an argument with my friend.   나는 친구와 말다툼을 했다.

061 **willing** [wíliŋ] a. 기꺼이 하는, 자진해서 하는
willingly [wíliŋli] ad. 기꺼이, 자진해서

Most students were willing to help the poor children.
대부분의 학생들은 기꺼이 그 가엾은 아이들을 도우려 했다.
Most students join the volunteer group willingly.
대부분의 학생들이 그 자원 봉사 단체에 기꺼이 가입했다.

062 **human** [hjú:mən] a. 인간의, 인간다운
humanity [hju:mǽnəti] n. 인간성, 인간애

98 percent of mouse genes are similar to human genes.
쥐의 유전자 중 98퍼센트는 인간의 유전자와 유사하다.
Crimes against humanity are increasing.
인간성에 어긋나는 범죄가 늘어나고 있습니다.

063 **load** [loud] v. 짐을 싣다   [loaded-loaded-loading]

The workers loaded boxes of clothes into the truck.
일꾼들은 트럭에 옷이 든 상자를 실었다.

064 **pregnant** [prégnənt] a. 임신한

My homeroom teacher is pregnant with her first child.
우리 담임 선생님은 첫 아이를 임신하고 계시다.

065 **unusual** [ʌnjú:ʒuəl] a. 비범한, 보통이 아닌 (opp. usual)

She is an unusual student with great language talents.
그녀는 뛰어난 어학 능력을 지닌 비범한 학생이다.

066 **article** [ɑ́:rtikl] n. 신문 기사, 논설

My teacher tells us to read an article a day.
선생님은 우리에게 매일 신문 기사를 하나씩 읽으라고 하신다.

1 영어를 우리말로 써 보세요.

1. pregnant _____
2. load _____
3. willing _____
4. argue _____
5. article _____
6. human _____
7. unusual _____

2 단어의 빠진 부분을 완성시켜 보세요.

1. 임신한　　pr _ gn _ nt
2. 인간의　　h _ m _ n
3. 짐을 싣다　l _ _ d
4. 신문 기사　_ rt _ cl _
5. 주장하다　_ rg _ _
6. 기꺼이 하는　w _ ll _ ng
7. 비범한　　_ n _ s _ _ l

3 주어진 철자로 시작하는 단어로 쓰세요.

1. 임신한　　　p_____
2. 주장하다　　a_____
3. 기꺼이 하는　w_____
4. 짐을 싣다　　l_____
5. 신문 기사　　a_____
6. 비범한　　　u_____
7. 인간의　　　h_____

067　**statue** [stǽtʃuː]　n. 조각상

There are some bird-shaped statues in the garden.

정원에는 새 모양의 조각상이 몇 개 있다.

068　**feather** [féðər]　n. 깃털

The bird has blue feathers.　그 새는 파란 깃털을 가지고 있다.

069　**skyscraper** [skaiskréipər]　n. 마천루, 높은 빌딩

We all were amazed at the skyscrapers in New York.

우리 모두는 뉴욕의 마천루에 경탄했다.

070　**acquire** [əkwáiər]　v. 얻다, 습득하다　　　[acquired-acquired-acquiring]

It is very difficult to acquire a good job before college
graduation.　대학 졸업 전에 좋은 직업을 얻는 것은 어려운 일이다.

071　**report** [ripɔ́ːrt]　v. 보고하다　n. 보고서　　　[reported-reported-reporting]

The man reported that his car had been stolen.

그 남자는 자신의 차가 도둑맞았다고 보고했다.

The report about students' stress was written by a teacher.

학생들의 스트레스에 대한 그 보고서는 한 교사에 의해 씌어졌다.

072　**value** [vǽljuː]　n. 가치, 가격
　　　valuable [vǽljuːəbl]　a. 귀중한, 값비싼

Nobody realized the value of Gogh's paintings at that time.

당시에는 아무도 Gogh의 그림의 가치를 깨닫지 못했다.

The rich man has a lot of valuable paintings in his house.

그 부자는 집에 많은 귀중한 그림들을 가지고 있다.

073　**tool** [tuːl]　n. 연장, 도구

You don't need any special tools.　어떤 특별한 도구도 필요하지 않습니다.

074　**sew** [sou]　v. 바느질하다, 바느질해서 만들다　　[sewed-sewed/sewn-sewing]

We will sew a shirt during the home-engineering class.

우리는 기술가정 시간에 셔츠를 하나 바느질할 것이다.

1   영어를 우리말로 써 보세요.

1. report   _____
2. value   _____
3. sew   _____
4. tool   _____
5. acquire   _____
6. statue   _____
7. skyscraper _____
8. feather   _____

2   단어의 빠진 부분을 완성시켜 보세요.

1. 보고하다   r _ p _ rt   2. 바느질하다   s _ w
3. 가치   v _ l _ _   4. 연장   t _ _ l
5. 마천루   sk _ scr _ p _ r   6. 조각상   st _ t _ _
7. 깃털   f _ _ th _ r   8. 얻다   _ cq _ _ r _

3   주어진 철자로 시작하는 단어로 쓰세요.

1. 바느질하다   s _____
2. 보고하다   r _____
3. 가치   v _____
4. 얻다   a _____
5. 연장   t _____
6. 마천루   s _____
7. 깃털   f _____
8. 조각상   s _____

075   **system** [sístəm]   n. 체계, 제도, 시스템

Hangeul has a scientific system.   한글은 과학적인 체계를 가지고 있다.

076   **satisfied** [sǽtisfàid]   a. 만족한

A lot of people are not satisfied with their jobs.
많은 사람들이 그들의 직업에 만족하지 못한다.

077   **earn** [əːrn]   v. 벌다   [earned-earned-earning]

How much does a teacher earn a month?
교사는 한 달에 얼마나 많이 벌까?

078   **liberty** [líbərti]   n. 자유

Why are most teachers against the liberty of hair length?
왜 대부분의 선생님들이 두발 자유에 반대하는가?

079   **mean** [miːn]   a. 비열한, 상스러운

The teacher said, "Don't be so mean!"
선생님은 "그렇게 비열하게 굴지 마라."라고 하셨다.

080   **recommend** [rèkəménd]   v. 추천하다, 권하다
recommendation [rèkəmendéiʃən]   n. 추천, 추천장
                   [recommended-recommended-recommending]

One of my friends recommended the restaurant at the corner.
내 친구 중 하나가 저 모퉁이의 식당을 추천했다.
She could enter the school by the teacher's recommendation.
그녀는 선생님의 추천으로 학교에 입학할 수 있었다.

081   **remove** [rimúːv]   v. 제거하다, 치우다   [removed-removed-removing]

We had to remove all the posters on the wall.
우리는 벽에 있는 모든 벽보들을 제거해야 했다.

082   **generous** [dʒénərəs]   a. 너그러운, 아끼지 않는

My father is very kind and generous to me.
우리 아버지는 나에게 매우 친절하고 너그러우시다.

Pop Quiz

1 영어를 우리말로 써 보세요.

1. recommend _____
2. liberty _____
3. generous _____
4. system _____
5. earn _____
6. mean _____
7. remove _____
8. satisfied _____

2 단어의 빠진 부분을 완성시켜 보세요.

1. 체계   s _ st _ m
2. 만족한   s _ t _ sf _ _ d
3. 벌다   _ _ rn
4. 자유   l _ b _ rty
5. 비열한   m _ _ n
6. 추천하다 r _ c _ mm _ nd
7. 제거하다 r _ m _ v _
8. 너그러운 g _ n _ r _ _ s

3 주어진 철자로 시작하는 단어로 쓰세요.

1. 만족한 s_____
2. 제거하다 r_____
3. 추천하다 r_____
4. 체계 s_____
5. 자유 l_____
6. 비열한 m_____
7. 너그러운 g_____
8. 벌다 e_____

083 **injure** [índʒər] v. 다치게 하다, 상처 입히다 [injured-injured-injuring]
injury [índʒəri] n. 부상, 상처

The announcer was badly injured in the traffic accident.
그 아나운서는 교통사고에서 심각하게 다쳤다.
He got a serious injury on his head. 그는 머리에 심각한 부상을 입었다.

084 **economic** [í:kənámik] a. 경제의, 경제학의
economy [ikánəmi] n. 경제, 경제학

He had to work at a factory because of the economic reason.
그는 경제적인 문제 때문에 공장에서 일을 해야만 했다.
I'm interested in economy a lot. 나는 경제에 관심이 많다.

085 **empire** [émpaiər] n. 제국

We will learn about the Roman empire next week.
우리는 다음 주에 로마 제국에 대해 배울 것이다.

086 **represent** [rèprizént] v. 상징하다, 나타내다
[represented-represented-representing]

Doves represent peace. 비둘기는 평화를 상징한다.

087 **government** [gʌ́vərnmənt] n. 정부

The government should help poor students with their school
expense. 정부는 어려운 학생들을 위해 학비를 지원해 주어야만 한다.

088 **organization** [ɔ̀:rgənizéiʃən] n. 조직, 단체

The organization, "Doctors Without Borders" was made in 1971.
"국경 없는 의사회" 라는 단체는 1971년에 만들어졌다.

089 **missionary** [míʃənèri] n. 선교사 a. 선교의, 전도의

My father is a missionary. 나의 아버지는 선교사시다.
He did missionary work in Africa. 그는 아프리카에서 선교 일을 했다.

Pop Quiz

1 영어를 우리말로 써 보세요.

1. organization _____
2. missionary _____
3. government _____
4. injure _____
5. economic _____
6. represent _____
7. empire _____

2 단어의 빠진 부분을 완성시켜 보세요.

1. 경제의　_ c _ n _ m _ c　　2. 제국　　　_ mp _ r _
3. 정부　g _ v _ rnm _ nt　　4. 다치게 하다　_ nj _ r _
5. 선교사　m _ ss _ _ n _ ry　6. 상징하다　r _ pr _ s _ nt
7. 조직　_ rg _ n _ z _ t _ _ n

3 주어진 철자로 시작하는 단어로 쓰세요.

1. 다치게 하다　　　　i _____
2. 제국　　　　　　　e _____
3. 선교사　　　　　　m _____
4. 조직　　　　　　　o _____
5. 상징하다　　　　　r _____
6. 경제의　　　　　　e _____
7. 정부　　　　　　　g _____

090 **imagine** [imǽdʒin] v. 상상하다   [imagined-imagined-imagining]
imagination [imæ̀dʒənéiʃən] n. 상상, 상상력

I can't imagine that she said such a thing.
그녀가 그런 말을 했다는 것을 상상할 수 없다.
The old story is full of imagination.
그 옛 이야기는 상상으로 가득 차 있다.

091 **attach** [ətǽtʃ] v. 붙이다, 첨부하다   [attached-attached-attaching]

Attach a stamp on your parcel.   소포에 우표를 붙여라.

092 **oversleep** [òuvərslíːp] v. 늦잠 자다   [overslept-overslept-oversleeping]

I overslept today, and was late for school.
늦잠을 자서 학교에 늦었다.

093 **surround** [səráund] v. 둘러싸다

Small hills surrounded the school.
작은 언덕들이 그 학교를 둘러싸고 있었다.

094 **witness** [wítnis] n. 목격자

The witness said that the driver had ignored the signal.
그 목격자는 그 운전자가 신호를 무시했다고 말했다.

095 **trunk** [trʌŋk] n. 나무줄기, 코끼리 코

He carved his name on the trunk.
그는 그 나무줄기에 자신의 이름을 새겼다.

096 **trick** [trik] n. 속임수, 장난 v. 속이다, 잔꾀를 부리다

His wound was a trick to make fun of the teacher.
그의 부상은 선생님을 놀리기 위한 속임수였다.
He tricked the woman by saying that she was beautiful.
그는 그녀를 아름답다고 말해서 그녀를 속였다.

097 **iceberg** [áisbəːrg] n. 빙산

It is only the tip of the iceberg.
그것은 단지 빙산의 일각에 지나지 않는다.

Pop Quiz

1 영어를 우리말로 써 보세요.

1. trunk
2. iceberg
3. attach
4. oversleep
5. trick
6. surround
7. imagine
8. witness

2 단어의 빠진 부분을 완성시켜 보세요.

1. 나무줄기　tr _ nk
2. 늦잠 자다　_ v _ rsl _ _ p
3. 목격자　w _ tn _ ss
4. 빙산　_ c _ b _ rg
5. 상상하다　_ m _ g _ n _
6. 속임수　tr _ ck
7. 붙이다　_ tt _ ch
8. 둘러싸다　s _ rr _ _ nd

3 주어진 철자로 시작하는 단어로 쓰세요.

1. 상상하다　i
2. 붙이다　a
3. 둘러싸다　s
4. 빙산　i
5. 늦잠 자다　o
6. 속임수　t
7. 나무줄기　t
8. 목격자　w

Memo

VOCA Perfect

001   **bear** [bɛər]   v. 낳다, 출산하다, 참다   [bore-born-bearing]

My grandmother bore six children.

우리 할머니는 여섯 명의 아이들을 낳으셨다.

002   **search** [sə:rtʃ]   v. 찾다, 수색하다   [searched-searched-searching]

They has searched for the treasure ship for a long time.

그들은 오랫동안 보물선을 찾고 있다.

003   **true** [tru:]   a. 정말의, 진실의
            truth [tru:θ]   n. 진실, 사실

Is it true that the teacher will be married next month?

그 선생님께서 다음 달에 결혼하신다는 것이 정말이야?

Nobody knows the truth about the death of the singer.

누구도 그 가수의 죽음에 대한 진실을 모른다.

004   **scared** [skɛərd]   a. 겁에 질린

The child was so scared that he couldn't walk.

그 어린아이는 너무 겁에 질려 걸을 수도 없었다.

005   **recently** [rí:səntli]   ad. 요즈음, 요새

I have not watched any movies recently.

나는 요즈음 영화를 전혀 보지 못했다.

006   **enemy** [énəmi]   n. 적

Who do you think 'the public enemy' is?

'공공의 적'이라는 것은 누구라고 생각합니까?

007   **cheat** [tʃi:t]   v. 속이다, 부정행위를 하다   [cheated-cheated-cheating]

The boy cheated his mother to get more money.

그 소년은 돈을 더 받으려고 그의 어머니를 속였다.

008   **astonished** [əstániʃt]   a. 깜짝 놀란

My teacher looked astonished at my words.

우리 선생님은 내 말에 깜짝 놀란 듯 보였다.

Pop Quiz

1 영어를 우리말로 써 보세요.

1. astonished _____
2. enemy _____
3. recently _____
4. bear _____
5. cheat _____
6. true _____
7. search _____
8. scared _____

2 단어의 빠진 부분을 완성시켜 보세요.

1. 깜짝 놀란 _ st _ n _ sh _ d
2. 정말의 tr _ _
3. 겁에 질린 sc _ r _ d
4. 요즈음 r _ c _ ntly
5. 속이다 ch _ _ t
6. 낳다 b _ _ r
7. 적 _ n _ my
8. 찾다 s _ _ rch

3 주어진 철자로 시작하는 단어로 쓰세요.

1. 속이다 c _____
2. 낳다 b _____
3. 깜짝 놀란 a _____
4. 요즈음 r _____
5. 적 e _____
6. 정말의 t _____
7. 찾다 s _____
8. 겁에 질린 s _____

009 **detective** [ditéktiv] n. 탐정

The detective found the lost jewel under the sofa.

그 탐정은 소파 아래에서 잃어버린 보석을 찾아냈다.

010 **fountain pen** [fáunt*i*n pen] n. 만년필

My father bought me a fountain pen for the birthday present.

아버지는 생일 선물로 만년필을 사주셨다.

011 **tend** [tend] v. ~하는 경향이 있다   [tended-tended-tending]

Students tend to be noisy when the teacher goes out of the classroom for a while.

학생들은 선생님이 잠시 밖으로 나가셨을 때 떠드는 경향이 있다.

012 **disease** [dizíːz] n. 병 (*syn.* illness)

He died of an unknown disease after he visited the Pyramid.

그는 피라미드를 방문한 후 알려지지 않은 병으로 죽고 말았다.

013 **intelligent** [intélədʒənt] a. 지적인, 이성적인, 총명한
intelligence [intélədʒəns] n. 지능, 지성

She is an intelligent and polite student.

그녀는 지적이고 예의바른 학생입니다.

A dog has more intelligence than many other animals.

개는 많은 다른 동물보다 높은 지능을 가지고 있다.

014 **ashamed** [əʃéimd] a. 부끄러워하는

I was ashamed of my mistake during the presentation.

나는 발표회 동안의 내 실수가 부끄러웠다.

015 **applaud** [əplɔ́ːd] v. 박수 치다   [applauded-applauded-applauding]

We all applauded the student who won the first prize.

우리는 우승한 학생에게 박수를 쳤다.

016 **chest** [tʃest] n. 가슴

The heart is beating regularly in the chest.

심장은 가슴 안에서 규칙적으로 뛰고 있다.

Pop Quiz

1 영어를 우리말로 써 보세요.

1. intelligent _____
2. chest _____
3. detective _____
4. applaud _____
5. fountain pen _____
6. disease _____
7. tend _____
8. ashamed _____

2 단어의 빠진 부분을 완성시켜 보세요.

1. 박수 치다 _ ppl _ _ d
2. 부끄러워하는 _ sh _ m _ d
3. 탐정 d _ t _ ct _ v _
4. 병 d _ s _ _ s _
5. 지적인 _ nt _ ll _ g _ nt
6. 가슴 ch _ st
7. 만년필 f _ _ nt _ _ n p _ n
8. 하는 경향이 있다 t _ nd

3 주어진 철자로 시작하는 단어로 쓰세요.

1. 부끄러워하는 a _____
2. 탐정 d _____
3. 가슴 c _____
4. 박수 치다 a _____
5. 병 d _____
6. 지적인 i _____
7. 만년필 f _____
8. 하는 경향이 있다 t _____

017 **male** [meil] n. 남자, 수컷 (opp. female)

Males are usually taller than females.

남자는 대개 여자보다 키가 크다.

---

018 **gaze** [geiz] v. 뚫어지게 보다, 응시하다   [gazed-gazed-gazing]

The teacher gazed at my face. 선생님은 내 얼굴을 뚫어지게 쳐다보셨다.

---

019 **adolescence** [æ̀dəlésns] n. 사춘기

During the adolescence, teenagers become more interested in the opposite sex. 사춘기 동안 청소년들은 이성에 더욱 관심이 생기게 된다.

---

020 **cigarette** [sìgərét] n. 담배

Teenagers must not smoke cigarettes.

청소년들은 담배를 피워서는 안 된다.

---

021 **ancient** [éinʃənt] a. 고대의

Pyramids were built as tombs of the kings of ancient Egypt.

피라미드는 고대 이집트 왕들의 무덤으로 만들어졌다.

---

022 **baggage** [bǽgidʒ] n. 짐, 화물

Where can I find my baggage? 제 짐은 어디에서 찾을 수 있습니까?

---

023 **conclude** [kənklú:d] v. 결론짓다, 끝맺다
conclusion [kənklú:ʒən] n. 결론   [concluded-concluded-concluding]

The police concluded that he was the murderer.

경찰은 그가 살인범이라고 결론지었다.

They didn't reach the conclusion. 그들은 결론에 도달하지 못했다.

---

024 **beg** [beg] v. 구걸하다, 빌다   [begged-begged-begging]
beggar [bégər] n. 거지

The poor child begged for bread everywhere.

그 불쌍한 아이는 사방에서 빵을 구걸했다.

A lot of beggars were sitting around the station.

역 주변에는 많은 거지들이 앉아 있었다.

1   영어를 우리말로 써 보세요.

1. beg _____

2. adolescence _____

3. gaze _____

4. baggage _____

5. ancient _____

6. conclude _____

7. male _____

8. cigarette _____

2   단어의 빠진 부분을 완성시켜 보세요.

1. 사춘기 _ d _ l _ sc _ nc _   2. 담배 c _ g _ r _ tt _
3. 남자 m _ l _   4. 구걸하다 b _ g
5. 고대의 _ nc _ _ nt   6. 뚫어지게 보다 g _ z _
7. 짐 b _ gg _ g _   8. 결론짓다 c _ ncl _ d _

3   주어진 철자로 시작하는 단어로 쓰세요.

1. 결론짓다 c _____

2. 구걸하다 b _____

3. 짐 b _____

4. 뚫어지게 보다 g _____

5. 고대의 a _____

6. 사춘기 a _____

7. 담배 c _____

8. 남자 m _____

025 **debt** [det] n. 빚

She had to work all day long because of her debt.

그녀는 빚 때문에 하루 종일 일해야만 했다.

026 **emotion** [imóuʃən] n. 감정

The actress didn't show her emotion in front of her fans.

그 배우는 팬들 앞에서 그녀의 감정을 드러내지 않았다.

027 **cereal** [síəriəl] n. 시리얼, 곡류

I eat cereals and some fruit for breakfast.

나는 아침 식사로 시리얼과 과일을 먹는다.

028 **candle** [kǽndl] n. 양초

He lit the candles on the cake. 그는 케이크 위의 양초에 불을 밝혔다.

029 **sleeve** [sli:v] n. 소매

The girl took the boy by his sleeve. 그 소녀는 소년의 소매를 잡았다.

030 **spend** [spend] v. 쓰다, 소비하다 [spent-spent-spending]

She spends a lot of money on clothes. 그녀는 옷에 많은 돈을 쓴다.

031 **volunteer** [vάləntíər] v. 자원 봉사하다 n. 자원 봉사자

[volunteered-volunteered-volunteering]

I volunteered at the old people's home during the winter vacation. 나는 겨울방학 동안 양로원에서 자원 봉사를 했다.

Teenager volunteers will listen to your problem.

십대 자원 봉사자가 당신의 문제에 귀를 기울여 줄 것입니다.

032 **obey** [oubéi] v. 순종하다, 복종하다 [obeyed-obeyed-obeying]

obedience [oubí:diəns] n. 순종, 복종

You should obey your parents. 부모님에게 순종해야만 한다.

They vowed absolute obedience to the ruler.

그들은 군주에게 절대적 순종을 맹세했다.

Pop Quiz

1 영어를 우리말로 써 보세요.

1. emotion _____
2. debt _____
3. obey _____
4. volunteer _____
5. sleeve _____
6. candle _____
7. cereal _____
8. spend _____

2 단어의 빠진 부분을 완성시켜 보세요.

1. 쓰다 sp _ nd
2. 빚 d _ bt
3. 소매 sl _ _ v _
4. 시리얼 c _ r _ _ l
5. 자원 봉사하다 v _ l _ nt _ _ r
6. 순종하다 _ b _ y
7. 감정 _ m _ t _ _ n
8. 양초 c _ ndl _

3 주어진 철자로 시작하는 단어로 쓰세요.

1. 순종하다 o_____
2. 시리얼 c_____
3. 소매 s_____
4. 감정 e_____
5. 양초 c_____
6. 자원 봉사하다 v_____
7. 빚 d_____
8. 쓰다 s_____

033 **laundry** [lɑ́:ndri] n. 세탁물, 세탁소

I don't have any laundries today. 오늘은 세탁물이 하나도 없다.

034 **average** [ǽvəridʒ] n. 평균 a. 평균의, 보통 수준의

My math score was above the average.

내 수학 점수는 평균 이상이었다.

I wondered the average score of the test.

나는 그 시험의 평균 점수가 궁금했다.

035 **vow** [vau] v. 맹세하다, 서약하다 n. 맹세, 서약 [vowed-vowed-vowing]

My father vowed not to smoke again.

아버지는 다시는 담배를 피우시지 않기로 맹세하셨다.

He is taking a vow to do his best as a class president.

그는 학급 반장으로서 최선을 다하겠다고 맹세를 하고 있다.

036 **beast** [bi:st] n. 짐승

A lion is the king of all beasts. 사자는 모든 짐승들의 왕이다.

037 **beauty** [bjú:ti] n. 아름다움, 미인

We were moved by the beauty of the sunset.

우리는 일몰의 아름다움에 감동받았다.

038 **glue** [glu:] n. 접착제, 풀

She put glue on the board. 그녀는 판자에 접착제를 발랐다.

039 **kite** [kait] n. 연

Koreans used to fly kites in winter.

한국인들은 겨울에는 연을 날리고는 했다.

040 **depend** [dipénd] v. 의존하다, ~에 달려 있다

[depended-depended-depending]

A lot of adults still depend on their parents.

많은 성인들이 여전히 자신의 부모에게 의존한다.

Pop Quiz

1 영어를 우리말로 써 보세요.

1. kite _____
2. vow _____
3. laundry _____
4. average _____
5. beauty _____
6. depend _____
7. glue _____
8. beast _____

2 단어의 빠진 부분을 완성시켜 보세요.

1. 접착제   gl _ _
2. 짐승   b _ _ st
3. 세탁물   l _ _ ndry
4. 평균   _ v _ r _ g _
5. 맹세하다   v _ w
6. 의존하다   d _ p _ nd
7. 아름다움   b _ _ _ ty
8. 연   k _ t _

3 주어진 철자로 시작하는 단어로 쓰세요.

1. 세탁물   l _____
2. 의존하다   d _____
3. 맹세하다   v _____
4. 평균   a _____
5. 연   k _____
6. 아름다움   b _____
7. 짐승   b _____
8. 접착제   g _____

041 **bow** [bou] v. 머리를 숙이다, 절하다 [bowed-bowed-bowing]

When my students see me, they always bow to me very politely.

학생들이 나를 만날 때, 그들은 언제나 내게 예의바르게 머리를 숙여 인사한다.

---

042 **surface** [sə́:rfis] n. 겉, 표면

The surface of the Venus shines brightly. 금성의 표면은 밝게 빛난다.

---

043 **alarm** [əlá:rm] n. 경보, 자명종

In case of fire, the alarm will ring.

화재가 발생했을 때, 경보가 울릴 것입니다.

---

044 **generation** [dʒénəréiʃən] n. 세대

Words in fashion reflect the culture of one generation.

유행어는 한 세대의 문화를 반영한다.

---

045 **relative** [rélətiv] n. 친척, 일가 a. 상대적인

Cousins are near relatives. 사촌은 가까운 친척이다.

Beauty is relative. 미는 상대적인 것이다.

---

046 **aid** [eid] n. 도움, 원조

The UN decided to halter food aid to the country.

UN은 그 나라에 대한 식량 원조를 억제하기로 결정했다.

★ **first aid** 응급 치료

Many people were helped by first aid.

많은 사람들이 응급 치료에 의해 도움을 받았다.

---

047 **clue** [klu:] n. 단서, 실마리

An important clue to the murder case was found in the house.

그 살인 사건에 대한 중요한 단서가 그 집에서 발견되었다.

---

048 **pulse** [pʌls] n. 맥박

His pulse was very weak. 그의 맥박은 매우 약했다.

Pop Quiz

1 영어를 우리말로 써 보세요.

1. surface _____
2. relative _____
3. clue _____
4. aid _____
5. bow _____
6. generation _____
7. alarm _____
8. pulse _____

2 단어의 빠진 부분을 완성시켜 보세요.

1. 경보 _ l _ rm
2. 맥박 p _ ls _
3. 도움 _ _ d
4. 세대 g _ n _ r _ t _ _ n
5. 머리를 숙이다 b _ w
6. 겉 s _ rf _ c _
7. 친척 r _ l _ t _ v _
8. 단서 cl _ _

3 주어진 철자로 시작하는 단어로 쓰세요.

1. 친척 r_____
2. 세대 g_____
3. 머리를 숙이다 b_____
4. 맥박 p_____
5. 단서 c_____
6. 겉 s_____
7. 경보 a_____
8. 도움 a_____

049   **newsstand** [njúːzstæ̀nd] n. 신문 가판대

The bad boys kicked the newsstand on the street.

그 나쁜 아이들은 거리의 신문 가판대를 발로 찼다.

050   **charge** [tʃɑːrdʒ] v. 요금을 청구하다   [charged-charged-charging]

The temple charges 2000 won for one adult.

그 사찰은 성인 1명에 2000원의 요금을 청구한다.

051   **population** [pàpjuléiʃən] n. 인구

The population of Seoul is about ten million.

서울시 인구는 약 1000만 명이다.

052   **distant** [dístənt] a. 먼, 먼 곳에 있는 n. 거리, 먼 곳
        distance [dístəns] n. 먼 곳, 거리

The stars are distant from the earth.

별들은 지구로부터 멀리 있다.

From a distance, the rock looks like a dragon head.

먼 곳에서 보면, 그 바위는 용의 머리처럼 보인다.

053   **comfort** [kʌ́mfərt] v. 편안하게 하다, 위로하다

This kind of music can comfort people.

이 종류의 음악은 사람을 편안하게 할 수 있다.

054   **evidence** [évədəns] n. 증거, 물증

There is no evidence that he stole the money.

그가 돈을 훔쳤다는 증거가 없다.

055   **motion** [móuʃən] n. 동작, 움직임

He showed how to hit the ball in slow motion.

그는 공을 어떻게 쳐야 하는지를 느린 동작으로 보여 주었다.

056   **available** [əvéiləbl] a. 이용 가능한, 쓸모 있는

This computer games is available for all ages.

이 컴퓨터 게임은 전 연령대에서 이용 가능합니다.

1 영어를 우리말로 써 보세요.

1. motion   _____
2. newsstand   _____
3. evidence   _____
4. charge   _____
5. population   _____
6. comfort   _____
7. distant   _____
8. available   _____

2 단어의 빠진 부분을 완성시켜 보세요.

1. 먼   d _ st _ nt
2. 이용 가능한   _ v _ _ l _ bl _
3. 동작   m _ t _ _ n
4. 편안하게 하다   c _ mf _ rt
5. 인구   p _ p _ l _ t _ _ n
6. 요금을 청구하다   ch _ rg _
7. 증거   _ v _ d _ nc _
8. 신문 가판대   n _ wsst _ nd

3 주어진 철자로 시작하는 단어로 쓰세요.

1. 먼   d_____
2. 증거   e_____
3. 인구   p_____
4. 요금을 청구하다   c_____
5. 편안하게 하다   c_____
6. 동작   m_____
7. 이용 가능한   a_____
8. 신문 가판대   n_____

057   **string** [striŋ]   n. 줄, 끈, 실

A geomungo is a traditional musical instrument with six strings.

거문고는 6줄을 가진 전통 악기이다.

058   **wrestle** [résəl]   v. 레슬링을 하다

The teacher told the boys not to wrestle in the classroom.

그 선생님은 그 남자 아이들에게 교실에서는 레슬링을 하지 말라고 말씀하셨다.

059   **measure** [méʒər]   v. 측정하다   n. 측정, 측정 단위

[measured-measured-measuring]

How can you measure the depth of the ocean?

대양의 깊이는 어떻게 측정할 수 있습니까?

An inch is a measure of length.   인치는 길이의 측정 단위이다.

060   **responsible** [rispánsəbl]   a. 책임감 있는, 책임이 있는

The teacher felt responsible for the accident.

그 선생님은 그 사건에 대해 책임감을 느꼈다.

061   **deal** [di:l]   v. 다루다, 취급하다   [dealt-dealt-dealing]

I don't know how to deal with this problem.

나는 이 문제를 어떻게 다루어야 할 지 모르겠다.

062   **aim** [əim]   n. 목표, 목적

A lot of teenagers don't have their aim in their lives.

많은 십대들이 인생의 목표를 가지고 있지 않다.

063   **temperature** [témpərətʃər]   n. 기온, 온도, 체온

The temperature will rise rapidly in the afternoon.

오후에는 기온이 급격하게 오를 것이다.

064   **folk** [fouk]   a. 민속의, 민간의

The Korean traditional mask dance is a kind of folk play.

한국의 전통 탈춤은 일종의 민속 연극이다.

Pop Quiz

1 영어를 우리말로 써 보세요.

1. measure   _____
2. aim   _____
3. deal   _____
4. temperature   _____
5. string   _____
6. wrestle   _____
7. responsible   _____
8. folk   _____

2 단어의 빠진 부분을 완성시켜 보세요.

1. 기온   t _ mp _ r _ t _ r _   2. 목표   _ _ m
3. 책임감 있는   r _ sp _ ns _ bl _   4. 다루다   d _ _ l
5. 레슬링을 하다   wr _ stl _   6. 줄   str _ ng
7. 측정하다   m _ _ s _ r _   8. 민속의   f _ lk

3 주어진 철자로 시작하는 단어로 쓰세요.

1. 줄   s _____
2. 책임감 있는   r _____
3. 레슬링을 하다   w _____
4. 측정하다   m _____
5. 목표   a _____
6. 민속의   f _____
7. 다루다   d _____
8. 기온   t _____

065   **violate** [váiəléit]   v. 위반하다   [violated-violated-violating]

A lot of drivers violate the traffic rules easily.

많은 운전자들이 교통 법규를 손쉽게 위반한다.

066   **duty** [djúːti]   n. 의무, 할 일, 본분

It is my duty to lock the door before leaving the classroom.

교실을 떠나기 전에 문을 잠그는 것이 내 의무이다.

067   **battery** [bǽtəri]   n. 전지, 배터리

This alarm clock takes two small-sized batteries.

이 자명종은 2개의 작은 사이즈의 전지를 필요로 한다.

068   **thermometer** [θərmámitər]   n. 온도계

This is a mercury thermometer.   이것은 수은 온도계이다.

069   **observe** [əbzə́ːrv]   v. 관찰하다, 준수하다, 지키다
      observation [àbzərvéiʃən]   n. 관찰, 관찰력
      observance [əbə́ːrvəns]   n. 준수   [observed-observed-observing]

The students are observing the motion of the earthworm.

그 학생들은 그 지렁이의 움직임을 관찰하고 있다.

Through a long observation of his children, he could write the book.   자기 자식들에 대한 오랜 관찰을 통해 그는 그 책을 쓸 수 있었다.

The teacher stressed the observance of the rules.

선생님은 규칙의 준수를 강조하셨다.

070   **rid** [rid]   v. 제거하다, 없애다   [rid-rid-ridding]

We tried everything to rid our house of cockroaches.

우리는 집에서 바퀴벌레를 제거하기 위해 모든 것을 해보았다.

★ **get rid of** ~을 제거하다

This cleaner will get rid of stains on your clothes.

이 세제는 옷에서 얼룩을 제거할 거야.

1 영어를 우리말로 써 보세요.

1. violate _____
2. thermometer _____
3. battery _____
4. duty _____
5. observe _____
6. rid _____

2 단어의 빠진 부분을 완성시켜 보세요.

1. 온도계　　　　th _ rm _ m _ t _ r
2. 관찰하다　　　_ bs _ rv _
3. 위반하다　　　v _ _ l _ t _
4. 전지　　　　　b _ tt _ ry
5. 의무　　　　　d _ ty
6. 제거하다　　　r _ d

3 주어진 철자로 시작하는 단어로 쓰세요.

1. 온도계　　　　t _____
2. 제거하다　　　r _____
3. 의무　　　　　d _____
4. 전지　　　　　b _____
5. 관찰하다　　　o _____
6. 위반하다　　　v _____

071   **devote** [divóut]   v. (노력, 정성, 시간을) 바치다, 헌신하다
devotion [divóuʃən]   n. 헌신, 전념   [devoted-devoted-devoting]
He devoted his life to helping the poor in Africa.
그는 아프리카에서 가난한 사람들을 돕는 데 일생을 바쳤다.
We were moved by his devotion.   우리는 그의 헌신에 감동받았다.

072   **critical** [krítikəl]   a. 비판적인
This article is very critical about the college entrance system.
이 신문 기사는 대입 제도에 대해 매우 비판적이다.

073   **originally** [ərídʒənəli]   ad. 원래, 처음에는
Peppers are originally from South America.
고추는 원래 남아메리카에서 왔다.

074   **include** [inklú:d]   v. 포함하다   [included-included-including]
The meal includes dessert and coffee.
식사에는 디저트와 커피가 포함됩니다.

075   **statement** [stéitmənt]   n. 문장, 진술
These statements are not true.   이 문장들은 사실이 아니다.

076   **jewel** [dʒú:əl]   n. 보석 (*syn.* gem)
The stolen jewel was found under the sofa.
도둑맞은 보석은 소파 아래서 발견 되었다.

077   **abbey** [ǽbi]   n. 사원, 수도원
Isaac Newton was buried in Westminster Abbey.
아이작 뉴턴은 웨스트민스터 사원에 묻혔다.

078   **reel** [ri:l]   n. 실패, 감개
An old woman was winding thread on a reel.
한 노인이 실패에 실을 감고 있었다.

1 영어를 우리말로 써 보세요.

1. originally _____
2. critical _____
3. jewel _____
4. devote _____
5. reel _____
6. include _____
7. abbey _____
8. statement _____

2 단어의 빠진 부분을 완성시켜 보세요.

1.	사원	_ bb _ y	2.	실패	r _ _ l
3.	바치다	d _ v _ t _	4.	비판적인	cr _ t _ c _ l
5.	문장	st _ t _ m _ nt	6.	보석	j _ w _ l
7.	포함하다	_ ncl _ d _	8.	원래	_ r _ g _ n _ lly

3 주어진 철자로 시작하는 단어로 쓰세요.

1. 보석 j _____
2. 포함하다 i _____
3. 비판적인 c _____
4. 문장 s _____
5. 사원 a _____
6. 원래 o _____
7. 바치다 d _____
8. 실패 r _____

079   **provide** [prəváid]   v. 제공하다, 공급하다   [provided-provided-providing]

The school will provide free school uniforms and textbooks for poor students.

그 학교는 가난한 학생들을 위해 무료 교복과 교과서를 제공할 것이다.

080   **quarrel** [kwɔ́ːrəl]   v. 싸우다, 말다툼하다   n. 말다툼

[quarreled-quarreled-quarreling]

The two brothers are always quarreling about everything.

그 두 형제는 모든 일에 대해 언제나 다투기만 한다.

Yesterday, I had a big quarrel with my boyfriend.

어제 나는 내 남자 친구와 큰 말다툼을 했다.

081   **steady** [stédi]   a. 안정된, 꾸준한

Steady jobs such as a teacher or a public officer became popular.

교사나 공무원과 같은 안정된 직업이 인기 있게 되었다.

082   **press** [pres]   v. 누르다   [pressed-pressed-pressing]

I pressed the elevator button to go up to the fifth floor.

나는 5층으로 가기 위해 엘리베이터의 버튼을 눌렀다.

083   **manner** [mǽnər]   n. 예절, 방법

He has very good manners.   그는 매우 예의바르다.

084   **confident** [kánfədənt]   a. 확신하는, 자신만만한   n. 자신감, 확신, 믿음

The singer is confident of the success of the new album.

그 가수는 새 음반의 성공을 확신하고 있다.

Teenagers want their parents to have confidence in them.

청소년들은 부모들이 자기들에게 믿음을 가지기를 원한다.

085   **wheel** [hwiːl]   n. 바퀴

He wiped mud and dirt off the wheels of the car.

그는 자동차 바퀴의 진흙과 먼지를 닦아 냈다.

Pop Quiz

1 영어를 우리말로 써 보세요.

1. manner _____
2. steady _____
3. press _____
4. confident _____
5. provide _____
6. wheel _____
7. quarrel _____

2 단어의 빠진 부분을 완성시켜 보세요.

1. 확신하는   c _ nf _ d _ nt
2. 싸우다   q _ _ rr _ l
3. 예절   m _ nn _ r
4. 바퀴   wh _ _ l
5. 누르다   pr _ ss
6. 안정된   st _ _ dy
7. 제공하다   pr _ v _ d _

3 주어진 철자로 시작하는 단어로 쓰세요.

1. 싸우다   q_____
2. 안정된   s_____
3. 바퀴   w_____
4. 누르다   p_____
5. 제공하다   p_____
6. 예절   m_____
7. 확신하는   c_____

086 **reality** [riǽləti] n. 진실, 현실
real [ríːəl] a. 진정한, 진짜의

Parents usually don't accept the reality about their children.
부모들은 대개 자기 아이들에 대한 진실을 받아들이지 않는다.
You are my real friend. 너는 나의 진정한 친구야.

087 **boss** [bɔːs] n. 상사, 사장

He had a quarrel with his boss last week.
그는 지난주에 상사와 말다툼을 했다.

088 **universe** [júːnəvə̀ːrs] n. 우주

The Earth is only a small part of the universe.
지구는 우주의 작은 일부일 뿐이다.

089 **approach** [əpróutʃ] v. 접근하다, 가까이 다가가다

[approached–approached–approaching]

A huge typhoon is approaching the Korean peninsula.
거대한 태풍이 한반도를 향해 접근하고 있다.

090 **pollution** [pəlúːʃən] n. 오염

Air pollution of this city is very serious.
이 도시의 대기 오염이 매우 심각하다.

091 **desire** [dizaiər] n. 욕구, 갈망, 바램 v. 갈망하다

Everybody has a desire to be loved.
모든 사람들은 사랑받고자 하는 욕구를 가지고 있다.
She desired to be wealthy. 그녀는 부유해지기를 갈망했다.

092 **native** [néitiv] a. 출생지의, 향토의

My native place is Korea. 나의 출생지는 한국이다.

1 영어를 우리말로 써 보세요.

1. desire _____
2. pollution _____
3. boss _____
4. reality _____
5. native _____
6. approach _____
7. universe _____

2 단어의 빠진 부분을 완성시켜 보세요.

1. 진실   r _ _ l _ ty
2. 우주   _ n _ v _ rs _
3. 오염   p _ ll _ t _ _ n
4. 욕구   d _ s _ r _
5. 출생지의   n _ t _ v _
6. 접근하다   _ ppr _ _ ch
7. 상사   b _ ss

3 주어진 철자로 시작하는 단어로 쓰세요.

1. 오염   p _____
2. 진실   r _____
3. 접근하다   a _____
4. 출생지의   n _____
5. 상사   b _____
6. 우주   u _____
7. 욕구   d _____

093 **focus** [fóukəs] n. 초점 v. 초점을 맞추다 [focused-focused-focusing]

Her boyfriend is the main focus of her life.
남자 친구가 그녀 삶의 주요 초점이다.
The student's eyes didn't focus on me.
그 학생의 눈은 내게 초점을 맞추고 있지 않았다.

094 **conflict** [kánflikt] n. 분쟁, 갈등

There is a serious conflict between the two party.
그 두 집단 사이에는 심각한 갈등이 있다.

095 **elbow** [élbou] n. 팔꿈치

Don't put your elbows on the table.   식탁 위에 팔꿈치를 올리지 마라.

096 **millionaire** [mìljənέər] n. 백만장자

He became a millionaire when he was only 20.
그는 겨우 20세가 되었을 때 백만장자가 되었다.

097 **digestion** [didʒéstʃən] n. 소화

I don't have a good digestion.   나는 소화력이 좋지 않다.

098 **copper** [kápər] n. 구리, 동

This coin is made of copper.
이 동전은 구리로 만들어져 있다.

1　영어를 우리말로 써 보세요.

1.　millionaire　_____

2.　digestion　_____

3.　focus　_____

4.　conflict　_____

5.　copper　_____

6.　elbow　_____

2　단어의 빠진 부분을 완성시켜 보세요.

1.　백만장자　　　m _ ll _ _ n _ _ r _

2.　구리　　　　　c _ pp _ r

3.　팔꿈치　　　　_ lb _ w

4.　분쟁　　　　　c _ nfl _ ct

5.　초점　　　　　f _ c _ s

6.　소화　　　　　d _ g _ st _ _ n

3　주어진 철자로 시작하는 단어로 쓰세요.

1.　분쟁　　　　　c _____

2.　백만장자　　　m _____

3.　구리　　　　　c _____

4.　소화　　　　　d _____

5.　팔꿈치　　　　e _____

6.　초점　　　　　f _____

Lesson

6

VOCA Perfect

001 **whisper** [hwíspər] v. 속삭이다, 귓속말하다

[whispered-whispered-whispering]

The bear approached him and whispered something.

곰은 그에게 다가오더니 무언가를 속삭였다.

002 **delighted** [diláitid] a. 아주 기뻐하는

We all were delighted to see the show.

우리 모두는 그 쇼를 볼 수 있어 아주 기뻤다.

003 **flood** [flʌd] n. 홍수

A lot of people lost their houses in the flood.

많은 사람들이 홍수에서 집을 잃었다.

004 **ability** [əbíləti] n. 능력, 유능함
able [éibl] a. 할 수 있는, 유능한

He has the ability to speak English well.

그는 영어를 잘 말할 수 있는 능력이 있다.

I am able to talk with foreigners in English.

나는 외국인들과 영어로 말할 수 있다.

005 **mammal** [mǽməl] n. 포유동물

Whales are mammals. 고래는 포유동물이다.

006 **ash** [æʃ] n. 재

All roofs were covered with ash. 모든 지붕들은 재로 뒤덮여 있었다.

007 **nutritious** [nju:tríʃəs] a. 영양가 많은

Teenagers need nutritious food to grow well.

청소년들은 잘 자라기 위해서 영양가 많은 음식을 필요로 한다.

008 **shortcut** [ʃɔ́ːrtkʌ̀t] n. 지름길

Why don't you take a shortcut to school?

학교로 가는 지름길로 가는게 어때?

Pop Quiz

1 영어를 우리말로 써 보세요.

1. flood   _____
2. whisper   _____
3. delighted   _____
4. nutritious   _____
5. ash   _____
6. ability   _____
7. mammal   _____
8. shortcut   _____

2 단어의 빠진 부분을 완성시켜 보세요.

1. 아주 기뻐하는   d _ l _ ght _ d   2. 속삭이다   wh _ sp _ r
3. 홍수   fl _ _ d   4. 지름길   sh _ rtc _ t
5. 영양가 많은   n _ tr _ t _ _ _ s   6. 포유동물   m _ mm _ l
7. 재   _ sh   8. 능력   _ b _ l _ ty

3 주어진 철자로 시작하는 단어로 쓰세요.

1. 포유동물   m _____
2. 능력   a _____
3. 영양가 많은   n _____
4. 속삭이다   w _____
5. 홍수   f _____
6. 아주 기뻐하는   d _____
7. 재   a _____
8. 지름길   s _____

009 **tear** [tɛər] v. 찢다 [tore-torn-tearing]

She tore one of pages of the book secretly.

그녀는 몰래 책에서 한 페이지를 찢었다.

010 **loose** [luːs] a. 헐거운, 풀어져 있는 (*opp.* tight)

Your shirt is little bit loose for me.

네 셔츠는 나한테는 좀 헐렁하구나.

011 **deny** [dinái] v. 부인하다, 부정하다 [denied-denied-denying]

The actress denied all the rumors about her divorce.

그 여배우는 그녀의 이혼에 대한 모든 소문들을 부인했다.

012 **tender** [téndər] a. 부드러운, 연한, 다정한

This steak is so tender that even a child can eat it.

이 스테이크는 매우 부드러워서 어린아이조차 먹을 수 있다.

013 **freedom** [fríːdəm] n. 자유

Most students want the freedom of hair length.

대부분의 학생들은 두발의 자유를 원한다.

014 **percent** [pərsént] n. 퍼센트, 백분

More than fifty percent of the students use a computer three times a week. 50퍼센트 이상의 학생들이 1주일에 세 번 이상 컴퓨터를 사용한다.

015 **chairperson** [tʃɛ́ərpəːrsn] n. 의장, 사회자

We applauded the chairperson when the meeting was over.

회의가 끝났을 때 우리는 의장에게 박수쳐 주었다.

016 **faith** [feiθ] n. 믿음, 신뢰, 신앙

She has deep faith in her husband.

그녀는 남편에 대한 깊은 믿음을 가지고 있다.

1 영어를 우리말로 써 보세요.

1. freedom   _____
2. chairperson   _____
3. percent   _____
4. tender   _____
5. deny   _____
6. tear   _____
7. loose   _____
8. faith   _____

2 단어의 빠진 부분을 완성시켜 보세요.

1. 믿음	f _ _ th	2. 찢다	t _ _ r
3. 부인하다	d _ ny	4. 의장	ch _ _ rp _ rs _ n
5. 퍼센트	p _ rc _ nt	6. 헐거운	l _ _ s _
7. 부드러운	t _ nd _ r	8. 자유	fr _ _ d _ m

3 주어진 철자로 시작하는 단어로 쓰세요.

1. 의장   c _____
2. 부인하다   d _____
3. 믿음   f _____
4. 자유   f _____
5. 찢다   t _____
6. 퍼센트   p _____
7. 부드러운   t _____
8. 헐거운   l _____

017 **definitely** [défənitli] ad. 확실히, 명확히

I definitely want to go to a foreign language high school.

나는 확실히 외국어 고등학교에 가고 싶다.

---

018 **ecosystem** [é:kousìstəm] n. 생태계

Today, we learned about the ecosystem of the sea.

오늘 우리는 바다의 생태계에 대해 배웠다.

---

019 **prove** [pru:v] v. 증명하다   [proved-proved-proving]
proof [pru:f] n. 증거, 증명

Can you prove that he is guilty?

그가 유죄라는 것을 증명할 수 있니?

Galilei showed the proof of his principle to everyone.

갈릴레이는 그의 이론의 증거를 모두에게 보여주었다.

---

020 **ache** [eik] v. 아프다, 쑤시다 n. 통증, 아픔   [ached-ached-aching]

My shoulders are aching too much.   어깨가 너무 아파요.

I have an ache in my knees.   나는 무릎에 통증이 있다.

---

021 **jealous** [dʒéləs] a. 질투하는, 시샘하는
jealousy [dʒéləsi] n. 질투, 시기

The child was jealous of his younger brother.

그 어린아이는 자신의 남동생을 질투했다.

The man was blinded by jealousy.   그 남자는 질투로 눈이 멀었다.

---

022 **condition** [kəndíʃən] n. 상태, 상황, 조건

The patient remains in the worst condition.

그 환자는 최악의 상태로 남아있다.

---

023 **educate** [édʒukèit] v. 교육하다   [educated-educated-educating]
education [édʒukèiʃən] n. 교육

The Korean parents spend too much money on educating their
children.   한국의 부모들은 그들의 아이들을 교육시키는데 돈을 너무 많이 쓴다.

My teacher majored in English education.

우리 선생님은 영어 교육을 전공하셨습니다.

Pop Quiz

1 영어를 우리말로 써 보세요.

1. condition _____
2. definitely _____
3. jealous _____
4. ache _____
5. prove _____
6. ecosystem _____
7. educate _____

2 단어의 빠진 부분을 완성시켜 보세요.

1. 아프다 _ ch _
2. 질투하는 j _ _ l _ _ s
3. 교육하다 _ d _ c _ t _
4. 상태 c _ nd _ t _ _ n
5. 확실히 d _ f _ n _ t _ ly
6. 증명하다 pr _ v _
7. 생태계 _ c _ syst _ m

3 주어진 철자로 시작하는 단어로 쓰세요.

1. 상태 c _____
2. 생태계 e _____
3. 질투하는 j _____
4. 증명하다 p _____
5. 확실히 d _____
6. 교육하다 e _____
7. 아프다 a _____

024 **crack** [kræk] n. 금, 틈
Some students found a huge crack on the wall.
몇몇 학생들이 벽에서 커다란 금을 발견했다.

025 **penniless** [pénilis] a. 빈털터리의, 무일푼의
When he arrived in Seoul, he was penniless.
서울에 도착했을 때, 그는 빈털터리였다.

026 **republic** [ripʌ́blik] n. 공화국
Korea is a republic. 한국은 공화국이다.

027 **ladder** [lǽdər] n. 사다리
My father climbed up the ladder. 아버지는 사다리를 타고 올라가셨다.

028 **microwave oven** [máikrouwèiv ʌ́vən] n. 전자레인지
I put the frozen pizza into the microwave oven.
나는 냉동 피자를 전자레인지에 넣었다.

029 **maintain** [meintéin] v. 유지하다, 지속하다
[maintained-maintained-maintaining]
Food is necessary to maintain life.
음식은 생명을 유지하기 위해 필요하다.

030 **burn** [bəːrn] v. 태우다   [burned/burnt- burned/burnt-burning]
The old temple was burnt down completely.
그 오래된 절은 완전히 타 버렸다.

031 **characteristic** [kæ̀riktərístik] a. 독특한, 특유의
The actress has her characteristic voice.
그 여배우는 독특한 목소리를 가지고 있다.

032 **spill** [spil] v. 엎지르다   [spilled/spilt- spilled/spilt-spilling]
When I sat at the table, I spilled milk by mistake.
내가 식탁에 앉았을 때, 그만 실수로 우유를 엎질렀다.

Pop Quiz

1 영어를 우리말로 써 보세요.

1. penniless _____
2. ladder _____
3. spill _____
4. burn _____
5. characteristic _____
6. maintain _____
7. republic _____
8. crack _____
9. microwave oven _____

2 단어의 빠진 부분을 완성시켜 보세요.

1. 유지하다　　m _ _ nt _ _ n
2. 엎지르다　　sp _ ll
3. 빈털터리의　p _ nn _ l _ ss
4. 태우다　　　b _ rn
5. 공화국　　　r _ p _ bl _ c
6. 금　　　　　cr _ ck
7. 독특한　　　ch _ r _ ct _ r _ st _ c
8. 사다리　　　l _ dd _ r
9. 전자레인지　m _ cr _ w _ v _ _ v _ n

3 주어진 철자로 시작하는 단어로 쓰세요.

1. 유지하다　　　m _____
2. 전자레인지　　m _____
3. 독특한　　　　c _____
4. 태우다　　　　b _____
5. 공화국　　　　r _____
6. 사다리　　　　l _____
7. 금　　　　　　c _____
8. 빈털터리의　　p _____
9. 엎지르다　　　s _____

033 **instrument** [ínstrəmənt] n. 기구, 도구

I have to buy some writing instruments on my way home.

나는 집에 오는 중에 필기 도구를 좀 사야해.

★ **musical instrument** 악기

What kind of musical instrument can you play?

어떤 종류의 악기를 연주할 수 있습니까?

---

034 **limit** [límit] n. 제한, 한계 v. 제한하다 [limited-limited-limiting]

The speed limit is 90 kilometer per hour.

제한 속도는 시속 90km입니다.

The chairperson limited the speaking to 5 minutes.

의장은 발언을 5분으로 제한시켰다.

---

035 **grocery** [gróusəri] n. 식료품, 식료품점

My mom and I go grocery shopping on Saturdays.

엄마와 나는 토요일마다 식료품 쇼핑을 간다.

---

036 **popularity** [pàpjulǽrəti] n. 인기, 평판
popular [pápjulər] a. 인기 있는

The comedy program gained great popularity among people.

그 코미디 프로그램은 사람들 사이에서 커다란 인기를 얻었다.

The comedian is popular among teenagers.

그 코미디언은 십대들 사이에서 인기가 있다.

---

037 **portable** [pɔ́ːrtəbl] a. 휴대용의, 들고 다닐 수 있는

I would like to buy a portable video game.

나는 휴대용 비디오 게임을 사고 싶다.

---

038 **hurry** [hə́ːri] v. 서두르다 [hurried-hurried-hurrying]

The students hurried to get on the bus.

그 학생들은 버스를 타려고 서둘렀다.

---

039 **protect** [prətékt] v. 보호하다, 막다 [protected-protected-protecting]

This helmet can protect your head while skating.

이 헬멧은 스케이트를 타는 동안 네 머리를 보호해 줄 수 있다.

Pop Quiz

1 영어를 우리말로 써 보세요.

1. protect _____
2. grocery _____
3. portable _____
4. limit _____
5. popularity _____
6. instrument _____
7. hurry _____

2 단어의 빠진 부분을 완성시켜 보세요.

1. 식료품   gr _ c _ ry
2. 기구   _ nstr _ m _ nt
3. 보호하다   pr _ t _ ct
4. 서두르다   h _ rr _
5. 휴대용의   p _ rt _ bl _
6. 인기   p _ p _ l _ r _ ty
7. 제한   l _ m _ t

3 주어진 철자로 시작하는 단어로 쓰세요.

1. 서두르다   h _____
2. 보호하다   p _____
3. 기구   i _____
4. 인기   p _____
5. 식료품   g _____
6. 휴대용의   p _____
7. 제한   l _____

040　**forecast** [fɔ́:rkæ̀st]　n. 날씨 예보

According to the weather forecast, it will rain in the afternoon.

날씨 예보에 의하면 오후에 비가 올 거야.

041　**reservation** [rèzərvéiʃən]　n. 예약

I'd like to make a reservation for two at 6 o'clock.

6시에 2사람 예약하고 싶습니다.

042　**mostly** [móustli]　ad. 대개, 주로

Students mostly use personal computers everyday.

학생들은 대개 매일 컴퓨터를 사용한다.

043　**replace** [ripléis]　v. 대신하다　　　　　[replaced-replaced-replacing]

Televisions have replaced radios.

텔레비전이 라디오를 대신했다.

044　**nuclear** [njú:kliər]　a. 핵의, 핵무기의

The novel describes the world after the nuclear war.

그 소설은 핵전쟁 이후의 세계에 대해 묘사하고 있다.

045　**stationery** [stéiʃəneri]　n. 문방구, 문구류

I can go to the stationery store on the way to school.

학교 가는 길에 문방구에 들를 수 있다.

046　**whisker** [hwískər]　n. 수염

The cat's whiskers were covered with milk.

고양이의 수염에 우유가 묻어 있었다.

047　**avoid** [əvɔ́id]　v. 피하다　　　　　[avoided-avoided-avoiding]

My parents always tell me to avoid bad friends.

우리 부모님은 언제나 내게 나쁜 친구들을 피하라고 말씀하신다.

Pop Quiz

1 영어를 우리말로 써 보세요.

1. stationery _____
2. forecast _____
3. nuclear _____
4. replace _____
5. avoid _____
6. whisker _____
7. reservation _____
8. mostly _____

2 단어의 빠진 부분을 완성시켜 보세요.

1. 핵의　　　n _ cl _ _ r
2. 피하다　　_ v _ _ d
3. 날씨 예보　f _ r _ c _ st
4. 대개　　　m _ stl _
5. 수염　　　wh _ sk _ r
6. 예약　　　r _ s _ rv _ t _ _ n
7. 문방구　　st _ t _ _ n _ ry
8. 대신하다　r _ pl _ c _

3 주어진 철자로 시작하는 단어로 쓰세요.

1. 대개　　　m _____
2. 피하다　　a _____
3. 문방구　　s _____
4. 핵의　　　n _____
5. 예약　　　r _____
6. 대신하다　r _____
7. 수염　　　w _____
8. 날씨 예보　f _____

048 **produce** [prədjúːs] v. 생산하다 [produced-produced-producing]
production [prədʌ́kʃən] n. 생산

The company has produced only light bulbs for 30 years.
그 회사는 30년 동안 오로지 전구만 생산해 왔다.
The production of traditional beverages is increasing.
전통 음료 생산이 늘어나고 있다.

049 **mind** [maind] n. 마음, 정신 v. 조심하다, 신경 쓰다, 싫어하다

A sound mind in a sound body.
(격언) 건강한 몸에 건강한 정신이 깃든다.

★ **keep in mind** 유념하다, 마음에 두다
Keep in mind that a man is known by his company.
사람은 그 친구로 알 수 있다는 것을 유념해라.

050 **ruin** [rúːin] n. 폐허, 옛터 v. 못쓰게 하다, 황폐하게 하다

The city is well-known for its ruins of the ancient kingdom.
그 도시는 고대 왕국의 폐허로 잘 알려져 있다.
The heavy rain ruined the half-built building.
폭우가 반쯤 지어진 빌딩을 못 쓰게 만들어 버렸다.

051 **idle** [áidl] a. 한가한, 여유로운, 일을 안 하는

She enjoyed the idle time with coffee.
그녀는 커피를 마시며 여유로운 시간을 즐겼다.

052 **passionate** [pǽʃənət] a. 열정적인
passion [pǽʃən] n. 열정, 정열

We were moved by his passionate performance.
우리는 그의 열정적인 연주에 감동을 받았다.
We could feel the singer's passion in the concert.
우리는 그 콘서트에서 그 가수의 정열을 느낄 수 있었다.

053 **interfere** [ìntərfíər] v. 방해하다, 간섭하다, 끼어들다
[interfered-interfered-interfering]

The noise from other classrooms interfered our lesson.
다른 교실에서의 소음이 우리 수업을 방해했다.

Pop Quiz

1 영어를 우리말로 써 보세요.

1. interfere _____
2. passionate _____
3. mind _____
4. ruin _____
5. produce _____
6. idle _____

2 단어의 빠진 부분을 완성시켜 보세요.

1. 폐허   r _ _ n
2. 열정적인   p _ ss _ _ n _ t _
3. 생산하다   pr _ d _ c _
4. 방해하다   _ nt _ rf _ r _
5. 마음   m _ nd
6. 한가한   _ dl _

3 주어진 철자로 시작하는 단어로 쓰세요.

1. 생산하다   p_____
2. 한가한   i_____
3. 폐허   r_____
4. 마음   m_____
5. 열정적인   p_____
6. 방해하다   i_____

054 **screwdriver** [skrú:dràivər] n. 드라이버

The teacher fixed my desk with a screwdriver.

선생님은 드라이버를 가지고 내 책상을 고쳐 주셨다.

055 **fitness center** [fítnis séntər] n. 피트니스 센터

I will register a fitness center this summer.

이번 여름에는 피트니스 센터에 등록할 거야.

056 **pleasant** [plézənt] a. 유쾌한, 즐거운
pleasure [pléʒər] n. 즐거움, 기쁨, 유쾌함

I had a pleasant time with my friends yesterday.

나는 어제 친구들과 즐거운 시간을 보냈다.

It's my pleasure. (고맙다는 말에 대해) 천만에요.

057 **own** [oun] v. 소유하다 a. 자기 소유의 [owned-owned-owning]
owner [óunər] n. 주인

Although she is young, she owns a house.

그녀는 젊음에도 불구하고 집을 한 채 가지고 있다.

Who is the owner of this farm? 이 농장의 주인은 누구입니까?

058 **supply** [səplái] v. 보급하다, 공급하다 [supplied-supplied-supplying]

The city decided to supply 60 computers to the poor children.

시는 가난한 아이들에게 60대의 컴퓨터를 보급하기로 결정했다.

059 **passenger** [pǽsəndʒər] n. 승객

There are only a few passengers in the subway.

전철 안에는 승객이 거의 없었다.

060 **routine** [ru:tí:n] n. 일과, 판에 박힌 일

According to the routine, I memorize 50 words a day.

일과에 따라 나는 매일 30개의 단어를 외운다.

061 **access** [ǽkses] n. 접근, 출입

Access to the data was denied.

그 정보에의 접근이 거부되었다.

Pop Quiz

1 영어를 우리말로 써 보세요.

1. screwdriver _____
2. supply _____
3. fitness center _____
4. routine _____
5. access _____
6. passenger _____
7. pleasant _____
8. own _____

2 단어의 빠진 부분을 완성시켜 보세요.

1. 소유하다 _ wn
2. 유쾌한 pl _ _ s _ nt
3. 보급하다 s _ ppl _
4. 드라이버 scr _ wdr _ v _ r
5. 접근 _ cc _ ss
6. 피트니스 센터 f _ tn _ ss c _ nt _ r
7. 일과 r _ _ t _ n _
8. 승객 p _ ss _ ng _ r

3 주어진 철자로 시작하는 단어로 쓰세요.

1. 드라이버 s _____
2. 피트니스 센터 f _____
3. 일과 r _____
4. 접근 a _____
5. 유쾌한 p _____
6. 소유하다 o _____
7. 승객 p _____
8. 보급하다 s _____

062 **glory** [glɔ́:ri] n. 영광

Glory be in the heaven, and peace on earth!

하늘에는 영광, 땅에는 평화!

063 **department** [dipá:rtmənt] n. 부, 부문

My father belongs to the sales department.

우리 아버지는 영업부에 속해 계신다.

064 **wizard** [wízərd] n. 마법사, 귀재

Harry doesn't know that he is a great wizard.

Harry는 자신이 위대한 마법사라는 것을 모르고 있다.

065 **perform** [pərfɔ́:rm] v. 수행하다, 연주하다, 공연하다
performance [pərfɔ́:rməns] n. 공연, 연주, 수행

[performed-performed-performing]

It is not so easy to perform a role of a good student.

모범생으로서의 역할을 수행하는 것은 쉽지 않다.

His performance was good.　그의 공연은 좋았다.

066 **envy** [énvi] v. 부러워하다　　　　　[envied-envied-envying]

Every student in my class envies the student's excellent grade.

우리 반의 모든 학생들이 그 학생의 우수한 성적을 부러워한다.

067 **awkward** [ɔ́:kwərd] a. 어색한, 거북한

I feel very awkward in my new school uniform.

새 교복을 입으니 어색하다.

068 **stable** [stéibl] a. 안정된

All the students want the college entrance system to be stable.

모든 학생들이 대입 제도가 안정되기를 원한다.

069 **attitude** [ǽtitʃùːd] n. 태도

The teacher praised the student's positive attitude.

선생님은 그 학생의 긍정적인 태도를 칭찬했다.

Pop Quiz

1 영어를 우리말로 써 보세요.

1. glory　_____
2. perform　_____
3. department　_____
4. envy　_____
5. attitude　_____
6. awkward　_____
7. wizard　_____
8. stable　_____

2 단어의 빠진 부분을 완성시켜 보세요.

1. 부　　　　d _ p _ rtm _ nt
2. 어색한　　_ wkw _ rd
3. 안정된　　st _ bl _
4. 마법사　　w _ z _ rd
5. 영광　　　gl _ ry
6. 태도　　　_ tt _ t _ d _
7. 수행하다　p _ rf _ rm
8. 부러워하다　_ nv _

3 주어진 철자로 시작하는 단어로 쓰세요.

1. 어색한　　　a _____
2. 부　　　　　d _____
3. 안정된　　　s _____
4. 태도　　　　a _____
5. 부러워하다　e _____
6. 영광　　　　g _____
7. 마법사　　　w _____
8. 수행하다　　p _____

070 **community** [kəmjúːnəti] n. 공동체, 사회

A lot of people are volunteering for their community.

많은 사람들이 그들의 공동체를 위해 봉사활동을 하고 있다.

071 **awful** [ɔ́ːfəl] a. 지독한, 심한

This soup is too salty. The taste is awful.

이 국은 너무 짜다. 맛이 지독해.

072 **saliva** [səláivə] n. 침, 타액

Don't spit saliva. 침 뱉지 마라.

073 **instant** [ínstənt] a. 인스턴트의, 즉석의

Don't eat instant food too often. 인스턴트 음식을 너무 자주 먹지 마라.

074 **chore** [tʃɔːr] n. 잡일, 허드렛일

I help my mother do the house chores in the evening.

저녁에는 나는 어머니를 도와 집안의 잡일을 한다.

075 **since** [sins] conj. 시간 : ∼이후 쭉, ∼이래, 이유 : ∼이기 때문에

He has been my best friend since I met him at the age of 10.

열 살 때 그를 만난 이후 쭉 그는 나의 가장 친한 친구였다.

076 **bite** [bait] v. 물다 n. 한 입, 물기 [bit-bit/bitten-biting]

The dog bit my leg. 그 개는 내 다리를 물었다.

Take a bite of this pie. 이 파이나 한 입 먹어봐.

077 **scene** [siːn] n. 풍경, 경치, 장면

Many foreigners praise the night scene of Seoul.

많은 외국인들이 서울의 밤 풍경(야경)을 칭찬한다.

Pop Quiz

1 영어를 우리말로 써 보세요.

1. chore _____
2. awful _____
3. instant _____
4. scene _____
5. bite _____
6. community _____
7. since _____
8. saliva _____

2 단어의 빠진 부분을 완성시켜 보세요.

1. 공동체   c _ mm _ n _ ty
2. 지독한   _ wf _ l
3. 침   s _ l _ v _
4. 인스턴트의   _ nst _ nt
5. 잡일   ch _ r _
6. ～이후 쭉   s _ nc _
7. 물다   b _ t _
8. 풍경   sc _ n _

3 주어진 철자로 시작하는 단어로 쓰세요.

1. 공동체   c _____
2. 지독한   a _____
3. 침   s _____
4. 인스턴트의   i _____
5. 잡일   c _____
6. ～이후 쭉   s _____
7. 물다   b _____
8. 풍경   s _____

078   **detail** [dí:teil]   n. 세부, 상세

I don't know about the details of the fact.

나는 그 사실의 세부적인 것까지는 모른다.

★ **in detail**   자세히

Can you explain it in detail?   그것을 자세히 설명해 주시겠어요?

---

079   **lively** [láivli]   a. 활기찬, 생기 있는

Boys look lively outside the classroom.

소년들은 교실 밖에서 활기차 보인다.

---

080   **wood** [wud]   v. 목재, 재목, 작은 숲

The pig made his house of wood.

그 돼지는 자신의 집을 목재로 만들었다.

---

081   **national** [nǽʃənl]   a. 국가의, 국민의

The Liberation Day is one of the national holidays in Korea.

광복절은 한국의 국경일 중 하나이다.

---

082   **illness** [ílnis]   n. 병 (*opp.* health)
ill [il]   a. 아픈

He gave up his job because he had a serious illness.

그는 심각한 병을 앓고 있어서 직장을 그만 두었다.

He was ill in bed.   그는 아파서 침대에 누워 있었다.

---

083   **lawyer** [lɔ́:jər]   n. 변호사

She studies very hard to be a lawyer.

그녀는 변호사가 되기 위해 매우 열심히 공부한다.

---

084   **shelter** [ʃéltər]   n. 피난처, 방공호

We have to find a shelter from bombing.

폭격으로부터 피난처를 찾아야만 한다.

1 영어를 우리말로 써 보세요.

1. lively   _____
2. lawyer   _____
3. shelter   _____
4. illness   _____
5. detail   _____
6. national   _____
7. wood   _____

2 단어의 빠진 부분을 완성시켜 보세요.

1. 목재   w _ _ d
2. 활기찬   l _ v _ ly
3. 변호사   l _ wy _ r
4. 세부   d _ t _ _ l
5. 국가의   n _ t _ _ n _ l
6. 병   _ lln _ ss
7. 피난처   sh _ lt _ r

3 주어진 철자로 시작하는 단어로 쓰세요.

1. 피난처   s _____
2. 변호사   l _____
3. 세부   d _____
4. 활기찬   l _____
5. 목재   w _____
6. 병   i _____
7. 국가의   n _____

085 **follow** [fάlou] v. 따르다, 따라가다 [followed-followed-following]
following [fάlouiŋ] a. 다음의

The players should follow the rules of the game.
선수들은 시합의 규칙을 따라야만 합니다.
Answer to the following question.   다음 질문에 답하시오.

086 **fact** [fækt] n. 실제, 현실

She wanted to hide the fact that she had an illness.
그녀는 자신이 병을 가지고 있다는 사실을 숨기기 원했다.
★ **in fact**   사실은
In fact, he broke the computer.   사실은 그가 컴퓨터를 고장냈다.

087 **fix** [fiks] v. 수리하다 (*syn.* repair), 고정시키다, ~을 달다 [fixed-fixed-fixing]

He fixed my CD player very easily.
그는 내 CD 플레이어를 매우 쉽게 수리했다.

088 **adjust** [ədʒʌ́st] v. 조절하다, 적응시키다 [adjusted-adjusted-adjusting]

You can adjust the height of your desk with this bolt.
이 볼트로 네 책상의 높이를 조절할 수 있다.

089 **endanger** [endéindʒər] v. 위험에 빠뜨리다, 위험하게 하다
endangered [endéindʒərd] a. 위험에 처한, 멸종 위기에 놓인
[endangered-endangered-endangering]

People endanger many animals by too much timber harvest.
사람들은 무분별한 벌목으로 많은 동물들을 위험에 빠뜨린다.
How many animals are endangered?
얼마나 많은 동물들이 멸종 위기에 놓여 있습니까?

090 **still** [stil] ad. 아직도, 여전히 a. 고요한, 움직이지 않는

The dog is still waiting for his owners in front of the station.
그 개는 아직도 역 앞에서 주인을 기다리고 있다.
The dog sits still at the door.   그 개는 문에 움직이지 않고 앉아 있다.

Pop Quiz

1 영어를 우리말로 써 보세요.

1. fact _____
2. fix _____
3. endanger _____
4. still _____
5. follow _____
6. adjust _____

2 단어의 빠진 부분을 완성시켜 보세요.

1. 따르다   f _ ll _ w
2. 아직도   st _ ll
3. 조절하다   _ dj _ st
4. 실제   f _ ct
5. 위험에 빠뜨리다   _ nd _ ng _ r
6. 수리하다   f _ x

3 주어진 철자로 시작하는 단어로 쓰세요.

1. 수리하다   f _____
2. 조절하다   a _____
3. 실제   f _____
4. 위험에 빠뜨리다   e _____
5. 아직도   s _____
6. 따르다   f _____

091 **shade** [ʃeid] n. 그늘, 응달

The snow in the shadow is not melt away yet.

그늘의 눈은 아직 녹지 않았다. ·

---

092 **slippery** [slípəri] a. 미끄러운

The stairs are slippery. Be careful. 계단이 미끄럽다. 조심해라.

---

093 **equation** [iːkwéiʒən] n. 방정식

I like solving equations. 나는 방정식을 푸는 것을 좋아한다.

---

094 **shell** [ʃel] n. 조개껍질, 조가비

The child was walking along the seashore, looking for pretty shells. 그 어린아이는 예쁜 조개껍질을 찾아 바닷가를 걷고 있었다.

---

095 **arrest** [ərést] v. 체포하다   [arrested-arrested-arresting]

Dantes was arrested in front of his fiance.

당테스는 약혼녀 앞에서 체포되고 말았다.

Pop Quiz

1 영어를 우리말로 써 보세요.

1. equation _____
2. arrest _____
3. shade _____
4. shell _____
5. slippery _____

2 단어의 빠진 부분을 완성시켜 보세요.

1. 방정식 _ q _ _ t _ _ n
2. 체포하다 _ rr _ st
3. 조개껍질 sh _ ll
4. 그늘 sh _ d _
5. 미끄러운 sl _ pp _ ry

3 주어진 철자로 시작하는 단어로 쓰세요.

1. 체포하다 a _____
2. 조개껍질 s _____
3. 미끄러운 s _____
4. 방정식 e _____
5. 그늘 s _____

VOCA Perfect

001 **affect** [əfékt] v. ~에 영향을 미치다, 감동시키다 [affected-affected-affecting]
affection [əfékʃən] n. 애정, 감동

Weather may affect people's feelings.
날씨는 사람들의 기분에 영향을 미친다.
My homeroom teacher has a deep affection for her students.
우리 담임선생님은 학생들에 대해 깊은 애정을 갖고 있다.

002 **public** [pʌ́blik] a. 공공의, 공립의, 공적인

We should think about others in public places.
공공장소에서는 다른 사람들을 생각해야만 한다.

003 **refund** [rifʌ́nd] v. 환불하다 n. 환불[ríːfʌ̀nd]
[refunded-refunded-refunding]

I'd like to refund this coat. I don't like the color.
이 코트를 환불하고 싶어요. 색깔이 마음에 들지 않아요.
I cannot give you a refund without the receipt.
영수증 없이는 환불해 드릴 수 없어요.

004 **nervous** [nə́ːrvəs] a. 불안한, 신경과민의, 신경의
nerve [nəːrv] n. 신경, 신경과민

You look nervous. What's the matter?   불안해 보이네. 무슨 일이니?
Do insects have nerves?   곤충은 신경을 갖고 있습니까?

005 **lack** [læk] n. 부족, 결핍 v. 부족하다   [lacked-lacked-lacking]

The tree died for lack of water.   그 나무는 물 부족으로 죽고 말았다.
You seem to lack self-confidence.   너는 자신감이 부족해 보인다.

006 **edge** [edʒ] n. 가장자리, (칼, 가위 등의) 날

Some students are looking at the horizon at the edge of water.
몇몇 학생들이 물가에서 수평선을 바라보고 있다.

007 **drowning** [dráuniŋ] a. 익사하는   [drowned-drowned-drowning]

A drowning man will catch at a straw.
익사하는 사람은 지푸라기라도 잡는다.

Pop Quiz

1 영어를 우리말로 써 보세요.

1. refund   _____
2. edge   _____
3. drowning   _____
4. lack   _____
5. affect   _____
6. public   _____
7. nervous   _____

2 단어의 빠진 부분을 완성시켜 보세요.

1. 가장자리   _ dg _
2. 영향을 미치다   _ ff _ ct
3. 환불하다   r _ f _ nd
4. 부족   l _ ck
5. 불안한   n _ rv _ _ s
6. 익사하는   dr _ wn _ ng
7. 공공의   p _ bl _ c

3 주어진 철자로 시작하는 단어로 쓰세요.

1. 환불하다   r_____
2. 영향을 미치다   a_____
3. 익사하는   d_____
4. 부족   l_____
5. 불안한   n_____
6. 공공의   p_____
7. 가장자리   e_____

008 **geography** [dʒiːágrəfi] n. 지리학

I am really interested in geography.　나는 지리학에 관심이 있다.

009 **scar** [skɑːr] n. 흉터

I have a scar between my eyes.　나는 두 눈 사이에 흉터를 갖고 있다.

010 **feminist** [fémənist] n. 여권주의자, 페미니스트

She considers herself a feminist.
그녀는 자신을 여권주의자라고 생각하고 있다.

011 **describe** [diskráib] v. 묘사하다　　　[described-described-describing]
description [diskrípʃən] n. 묘사, 기술

The child described what he experienced in the war.
그 어린아이는 자신이 전쟁에서 겪은 것들을 묘사했다.
We could imagine the historical scene through his wonderful
description.　우리는 그의 멋진 묘사를 통해 역사의 한 장면을 상상할 수 있었다.

012 **found** [faund] v. 설립하다, 세우다 (*syn.* establish)
　　　　　　　　　　　　　　　　　　　[founded-founded-founding]
foundation [faundéiʃən] n. 근거, 창립, 기초

The doctor went to Southern Africa and found a hospital for
children.　그 의사는 남아프리카로 가서 아이들을 위한 병원을 설립했다.
The rumor about the singer has no foundation.
그 가수에 대한 소문은 근거가 없다.

013 **frequently** [fríːkwəntli] ad. 자주
frequent [fríːkwənt] a. 자주 있는, 빈번한

My homeroom teacher frequently eats lunch with students.
우리 담임선생님은 자주 학생들과 점심을 먹는다.
Being late for school is a frequent occurence to me.
학교에 늦는 건 나에게는 자주 있는 일이다.

014 **sense** [sens] n. 감각

We have the five senses.　우리는 다섯 개의 감각을 갖고 있다.

Pop Quiz

1 영어를 우리말로 써 보세요.

1. frequently _____
2. feminist _____
3. describe _____
4. scar _____
5. found _____
6. geography _____
7. sense _____

2 단어의 빠진 부분을 완성시켜 보세요.

1. 여권주의자   f _ m _ n _ st   2. 자주   fr _ q _ _ ntly
3. 설립하다   f _ _ nd   4. 흉터   sc _ r
5. 감각   s _ ns _   6. 묘사하다   d _ scr _ b _
7. 지리학   g _ _ gr _ phy

3 주어진 철자로 시작하는 단어로 쓰세요.

1. 감각   s _____
2. 자주   f _____
3. 흉터   s _____
4. 여권주의자   f _____
5. 묘사하다   d _____
6. 지리학   g _____
7. 설립하다   f _____

015 **disaster** [dizǽstər] n. 재해, 재난
disastrous [dizǽstrəs] a. 참담한, 재난을 불러일으키는
It was a man-made disaster. 그것은 인간이 만든 재해(인재)였다.
Her performance was a disastrous event.
그녀의 공연은 참담한 사건이었다.

016 **extinguish** [ikstíŋgwiʃ] v. 불을 끄다, 진화하다
[extinguished-extinguished-extinguishing]
extinguisher [ikstíŋgwiʃər] n. 소화기
The fire fighters were extinguishing the fire when I got out of the building. 내가 건물에서 뛰어나왔을 때, 소방수들이 불을 끄고 있었다.
The extinguisher is too old to use.
이 소화기는 오래 되어서 사용할 수 없다.

017 **dynasty** [dáinəsti] n. 왕조, 왕가
Nowadays, we have learned the history of Korea Dynasty.
요즘 우리는 고려 왕조의 역사에 대해 공부한다.

018 **humorous** [hjú:mərəs] a. 유머러스한, 해학적인, 웃기는
humor [hjú:mər] n. 유머, 해학
A lot of girls like boys who are humorous.
많은 소녀들이 유머러스한 소년들을 좋아한다.
The Korean traditional stories are full of humor and warmth.
한국의 민담은 유머와 따뜻함으로 가득하다.

019 **afterward** [ǽftərwərd] ad. 나중에 (syn. later)
We are going to have lunch together afterward.
우리는 나중에 점심을 함께 먹을 거야.

020 **eyebrow** [áibràu] n. 눈썹
Wow, where are your eyebrows? 와, 네 눈썹은 어디에 있니?

021 **demand** [dimǽnd] v. 요구하다, 필요로 하다
[demanded-demanded-demanding]
The school demands excellent ability of English.
그 학교는 우수한 영어 능력을 요구한다.

Pop Quiz

1 영어를 우리말로 써 보세요.

1. eyebrow _____
2. disaster _____
3. extinguish _____
4. humorous _____
5. afterward _____
6. dynasty _____
7. demand _____

2 단어의 빠진 부분을 완성시켜 보세요.

1. 왕조   dyn _ sty
2. 요구하다   d _ m _ nd
3. 유머러스한   h _ m _ r _ _ s
4. 나중에   _ ft _ rw _ rd
5. 눈썹   _ y _ br _ w
6. 재해   d _ s _ st _ r
7. 불을 끄다   _ xt _ ng _ _ sh

3 주어진 철자로 시작하는 단어로 쓰세요.

1. 요구하다   d _____
2. 왕조   d _____
3. 눈썹   e _____
4. 재해   d _____
5. 유머러스한   h _____
6. 불을 끄다   e _____
7. 나중에   a _____

022   **colorful** [kʌ́lərfəl]   a. 색채가 있는, 다채로운
colorless [kʌ́lərlis]   a. 무색의
Old people like colorful clothes.
나이든 사람들은 색채가 있는 옷을 좋아한다.
It is a colorless material.   그것은 무색 물질이다.

023   **plenty** [plénti]   n. 충분, 많음, 대량
After the final exam, we will have plenty of time.
기말 고사 후에, 우리에게 충분한 시간이 생길거야.

024   **leap** [liːp]   v. 뛰다, 도약하다   [leaped-leaped-leaping]
Look before you leap.
(속담) 뛰기 전에 살펴보라. (돌다리도 두드려 보고 건너라.)

025   **brief** [briːf]   a. 짤막한, 간결한
She put a brief note on the table and left for somewhere.
그녀는 식탁 위에 짤막한 편지를 남기고 어딘가로 떠나 버렸다.

026   **admiral** [ǽdmərəl]   n. 해군 제독
Admiral Yi Sunshin is one of the greatest heroes in the Korean
history.   이순신 장군은 우리나라의 역사상 가장 위대한 영웅 중 한 명이다.

027   **wisdom** [wízdəm]   n. 지혜, 현명
wise [waiz]   a. 현명한
We realize our ancestors' wisdom and beauty through the
traditional art.
우리는 전통 예술을 통해 우리 조상들의 지혜와 아름다움을 깨달을 수 있다.
She looks wise.   그녀는 현명해 보인다.

028   **sword** [sɔːrd]   n. 검, 칼
The boy was too scared to draw his sword.
소년은 너무 겁에 질려 검을 뽑을 수 없었다.

1 영어를 우리말로 써 보세요.

1. sword _____
2. wisdom _____
3. leap _____
4. plenty _____
5. admiral _____
6. brief _____
7. colorful _____

2 단어의 빠진 부분을 완성시켜 보세요.

1. 검　　　　　sw _ rd
2. 충분　　　　pl _ nty
3. 색채가 있는　c _ l _ rf _ l
4. 해군 제독　　_ dm _ r _ l
5. 짤막한　　　br _ _ f
6. 뛰다　　　　l _ _ p
7. 지혜　　　　w _ sd _ m

3 주어진 철자로 시작하는 단어로 쓰세요.

1. 지혜　　　　w _____
2. 색채가 있는　c _____
3. 검　　　　　s _____
4. 뛰다　　　　l _____
5. 충분　　　　p _____
6. 짤막한　　　b _____
7. 해군 제독　　a _____

029   **revolution** [rèvəlúːʃən]   n. 혁명, 대변혁

Recently, we have learned the Industrial Revolution.

최근에, 우리는 산업 혁명을 배웠다.

030   **coach** [koutʃ]   v. 지도하다, 코치하다   n. 코치, 지도원

[coached-coached-coaching]

The teacher coaches the soccer team after school.

그 선생님은 방과 후 축구팀을 지도한다.

The coach is cheering the soccer team.

코치가 축구팀을 격려하고 있다.

031   **please** [pliːz]   v. 기쁘게 하다   ad. 부디, 제발   [pleased-pleased-pleasing]

It is difficult to please all your friends.

친구들을 모두 기쁘게 하는 것은 어렵다.

Could you open the door, please?   부디 문 좀 열어 주시겠어요?

032   **located** [loukéitid]   a. ~에 위치해 있는

location [loukéiʃən]   n. 위치, 소재

My school is located near the public stadium.

우리 학교는 공설 운동장 근처에 위치해 있다.

Nobody knows the exact location of the treasure island.

보물섬의 정확한 위치는 아무도 모른다.

033   **precious** [préʃəs]   a. 소중한, 값비싼 (*syn.* valuable)

He thinks his child is the most precious of all.

그는 자신의 아이가 모든 것 중에서 가장 소중하다고 생각한다.

034   **trace** [treis]   n. 흔적, 발자국

The ghost disappeared in front of me without trace.

유령은 내 앞에서 흔적도 없이 사라져 버렸다.

035   **transfer** [trænsfɔ́ːr]   v. (차를) 갈아타다, 이동하다, 옮기다

[transferred-transferred-transferring]

We can transfer to the number 3 line at Seoul National University of Education Station.

우리는 서울교대 역에서 3호선으로 갈아탈 수 있어.

Pop Quiz

1 영어를 우리말로 써 보세요.

1. precious _____
2. revolution _____
3. trace _____
4. transfer _____
5. located _____
6. coach _____
7. please _____

2 단어의 빠진 부분을 완성시켜 보세요.

1. ~에 위치해 있는 l _ c _ t _ d
2. 흔적 tr _ c _
3. 소중한 pr _ c _ _ _ s
4. 지도하다 c _ _ ch
5. 혁명 r _ v _ l _ t _ _ n
6. 갈아타다 tr _ nsf _ r
7. 기쁘게 하다 pl _ _ s _

3 주어진 철자로 시작하는 단어로 쓰세요.

1. 흔적 t_____
2. ~에 위치해 있는 l_____
3. 소중한 p_____
4. 혁명 r_____
5. 갈아타다 t_____
6. 지도하다 c_____
7. 기쁘게 하다 p_____

036   **justice** [dʒʌ́stis]   n. 정의

He fought for justice bravely.   그는 정의를 위해 용감하게 싸웠다.

037   **industry** [índəstri]   n. 산업, 공업
        industrial [indʌ́striəl]   a. 공업의, 산업의

We need to develop the tourist industry.
우리는 관광 산업을 발달시킬 필요가 있다.
Pohang is an industrial city.   포항은 공업 도시이다.

038   **harmonious** [hɑːrmóuniəs]   a. 화목한, 조화된
        harmony [hɑ́ːrməni]   n. 조화

My family are very harmonious.   우리 가족은 매우 화목하다.
His paintings show a perfect harmony of colors.
그의 그림은 색채의 완벽한 조화를 보여준다.

039   **script** [skript]   n. 대본, 각본

He was so nervous that he couldn't take his eyes off the script.
그는 너무 긴장해서 대본에서 눈을 뗄 수 없었다.

040   **advertise** [ǽdvərtàiz]   v. 광고하다   [advertised-advertised-advertising]
        advertisement [ǽdvərtàizmənt]   n. 광고

Teenagers want to wear the clothes that the popular singers
advertise.   십대들은 유명한 가수들이 광고한 옷을 입고 싶어 한다.
Advertisers use famous people in advertisements.
광고주들은 광고에서 유명인들을 이용한다.

041   **reduce** [ridʲúːs]   v. 줄이다   [reduced-reduced-reducing]

Most young people should reduce use of the Internet.
대다수의 젊은 사람들은 인터넷 사용을 줄여야만 한다.

042   **moreover** [mɔːróuvər]   ad. 게다가, 더욱이

It becomes dark, and moreover it started to rain.
어두워지고 있었고, 게다가 비까지 내리기 시작했다.

Pop Quiz

1 영어를 우리말로 써 보세요.

1. harmonious _____
2. industry _____
3. script _____
4. moreover _____
5. advertise _____
6. justice _____
7. reduce _____

2 단어의 빠진 부분을 완성시켜 보세요.

1. 정의   j _ st _ c _
2. 광고하다   _ dv _ rt _ s _
3. 산업   _ nd _ stry
4. 대본   scr _ pt
5. 화목한   h _ rm _ n _ _ _ s
6. 게다가   m _ r _ _ v _ r
7. 줄이다   r _ d _ c _

3 주어진 철자로 시작하는 단어로 쓰세요.

1. 줄이다   r_____
2. 산업   i_____
3. 광고하다   a_____
4. 정의   j_____
5. 게다가   m_____
6. 대본   s_____
7. 화목한   h_____

043   **crew** [kru:]   n. 승무원(전원)

The crew were wearing the same blue uniforms.

승무원들은 똑같이 푸른 제복을 입고 있었다.

044   **obtain** [əbtéin]   v. 얻다, 획득하다 (*syn.* get)

[obtained-obtained-obtaining]

He obtained the old book written 300 years ago.

그는 300년 전에 쓰인 낡은 책을 얻었다.

045   **safety** [séifti]   n. 안전
safe [seif]   a. 안전한

You should wear a helmet for your safety when you are riding a
bike.   자전거를 탈 때는 안전을 위해 헬멧을 써야만 한다.
It is not safe to ride a bike at night.

밤에 자전거를 타는 것은 안전하지 않다.

046   **volcano** [vɑlkéinou]   n. 화산

The volcano erupted about 100 years ago.

그 화산은 약 100년 전에 분출했다.

047   **erupt** [irʌ́pt]   v. 분출하다, 분화하다   [erupted-erupted-erupting]

A huge volcano suddenly erupted and a lot of people died.

거대한 화산이 갑자기 분출했고, 많은 사람들이 죽었다.

048   **narrator** [næréitər]   n. 내레이터, 이야기하는 사람

The narrator started the explanation about the place.

그 내레이터는 궁전에 대한 설명을 시작했다.

049   **increase** [inkrí:s]   v. 증가하다, 늘어나다 (*opp.* decrease)

[increased-increased-increasing]

The population of the city is rapidly increasing.

그 도시의 인구는 빠르게 증가하고 있다.

Pop Quiz

1 영어를 우리말로 써 보세요.

1. crew _____
2. volcano _____
3. erupt _____
4. narrator _____
5. obtain _____
6. increase _____
7. safety _____

2 단어의 빠진 부분을 완성시켜 보세요.

1. 안전   s _ f _ ty   2. 내레이터   n _ rr _ t _ r
3. 얻다   _ bt _ _ n   4. 분출하다   _ r _ pt
5. 화산   v _ lc _ n _   6. 승무원   cr _ w
7. 증가하다   _ ncr _ _ s _

3 주어진 철자로 시작하는 단어로 쓰세요.

1. 내레이터   n _____
2. 안전   s _____
3. 승무원   c _____
4. 얻다   o _____
5. 증가하다   i _____
6. 분출하다   e _____
7. 화산   v _____

050   **decrease** [dikríːs]   v. 감소하다, 줄다 (*opp.* increase)

[decreased-decreased-decreasing]

The numbers of the students of this school has decreased by 20 percent.   이 학교의 학생 수는 20% 감소하였다.

---

051   **pride** [praid]   n. 자존심, 자만, 자랑거리
         proud [praud]   a. 자랑스럽게 여기는, 자존심 있는

The old soldier wanted to keep his pride.
그 나이든 병사는 그의 자존심을 지키길 원했다.
She is proud of her beauty.   그녀는 미모를 자랑스럽게 여긴다.

---

052   **electronic** [ilektránik]   a. 전자의, 전자공학의

Can you borrow your electronic dictionary?
전자 사전 좀 빌려줄래?

---

053   **debate** [dibéit]   n. 논쟁, 토론

The debate was about the freedom of hair length.
그 논쟁은 두발 자유에 대한 것이었다.

---

054   **tide** [taid]   n. 조류, 조석간만

The tide is rising.   조류가 밀려오고 있다.

---

055   **mess** [mes]   n. 엉망진창
         messy [mési]   a. 어질러진, 흐트러진

The students are making a mess in the classroom.
학생들이 교실을 엉망진창으로 만들고 있다.
He always makes his room messy.
그는 언제나 자신의 방을 엉망으로 만들어 놓는다.

---

056   **worldwide** [wə́ːrldwàid]   a. 세계적인

She is a worldwide movie director.   그녀는 세계적인 영화감독이다.

---

057   **triumph** [tráiəmf]   n. 승리, 정복

All of them were happy about the triumph in the war.
그들 모두는 전쟁에서의 승리를 기뻐했다.

Pop Quiz

1 영어를 우리말로 써 보세요.

1. debate   _____
2. pride   _____
3. worldwide   _____
4. electronic   _____
5. tide   _____
6. decrease   _____
7. mess   _____
8. triumph   _____

2 단어의 빠진 부분을 완성시켜 보세요.

1. 전자의   _ l _ ctr _ n _ c   2. 세계적인   w _ rldw _ d _
3. 승리   tr _ _ mph   4. 논쟁   d _ b _ t _
5. 감소하다   d _ cr _ _ s _   6. 엉망진창   m _ ss
7. 자존심   pr _ d _   8. 조류   t _ d _

3 주어진 철자로 시작하는 단어로 쓰세요.

1. 전자의   e _____
2. 조류   t _____
3. 감소하다   d _____
4. 세계적인   w _____
5. 자존심   p _____
6. 승리   t _____
7. 논쟁   d _____
8. 엉망진창   m _____

058 **establish** [istǽbliʃ] v. 설립하다, 수립하다
[established-established-establishing]
establishment [istǽbliʃmənt] n. 설립, 창설

The rich man planned to establish a school.
그 부유한 사람은 학교를 설립할 예정이었다.
The city didn't approve the establishment of the school for the challenged. 시(市)는 장애인들을 위한 학교의 설립을 허락하지 않았다.

059 **curious** [kjúəriəs] a. 호기심이 있는
curiosity [kjùəriásəti] n. 호기심

People were curious about what happened to her.
사람들은 그녀에게 일어난 일에 호기심을 갖고 있었다.
The children looked at the scene with curiosity.
아이들은 호기심을 가지고 그 장면을 지켜보았다.

060 **register** [rédʒistər] v. 등록하다   [registered-registered-registering]

I am going to register a swimming course this summer.
난 이번 여름에 수영 강좌를 등록하려고 해.

061 **chief** [tʃiːf] a. 최고의, 1위의 n. 장(長), 우두머리

My brother is the chief engineer of the company.
우리 형은 그 회사의 1급 기술자이다.
The chief of a family is usually father. 가장은 대개 아버지이다.

062 **severe** [səvíər] a. 가혹한, 모진, 엄한

Some teachers are too severe with their students.
어떤 선생님들은 학생들에게 너무 가혹하다.

063 **rip** [rip] v. 떼어내다, 째다   [ripped-ripped-ripping]

He ripped the poster off the wall angrily.
그는 화를 내며 벽에서 포스터를 떼어냈다.

Pop Quiz

1 영어를 우리말로 써 보세요.

1. establish _____
2. register _____
3. rip _____
4. chief _____
5. severe _____
6. curious _____

2 단어의 빠진 부분을 완성시켜 보세요.

1. 떼어내다   r _ p
2. 최고의   ch _ _ f
3. 설립하다   _ st _ bl _ sh
4. 가혹한   s _ v _ r _
5. 호기심이 있는   c _ r _ _ _ s
6. 등록하다   r _ g _ st _ r

3 주어진 철자로 시작하는 단어로 쓰세요.

1. 떼어내다   r_____
2. 등록하다   r_____
3. 호기심이 있는   c_____
4. 설립하다   e_____
5. 최고의   c_____
6. 가혹한   s_____

064 **poison** [pɔ́izn] n. 독
poisonous [pɔ́izənəs] a. 유독한

She put some poison into rice.　그녀는 밥에다 독을 넣었다.
After the accident, the coast was covered with poisonous chemicals.　그 사고 후, 해안은 유독한 화학 물질로 뒤덮였다.

---

065 **vocabulary** [voukǽbjulèri] n. 어휘

You have to know the basic vocabulary.
너는 기본 어휘를 알아야만 한다.

---

066 **shortage** [ʃɔ́ːrtidʒ] n. 부족, 결핍

They had a great difficulty because of food shortage.
그들은 식량 부족 때문에 큰 어려움을 겪었다.

---

067 **survive** [sərváiv] v. 살아남다　　[survived-survived-surviving]
survival [sərváivəl] n. 생존

Nobody survived in the accident.　그 사고에서 아무도 살아남지 못했다.
The poor children had no chance of survival.
그 가엾은 아이들은 생존의 기회를 갖지 못했다.

---

068 **material** [mətíəriəl] n. 물질, 재료

This thing is made of some unknown materials.
이 물건은 어떤 알려지지 않은 물질들로 만들어져 있다.

---

069 **escape** [iskéip] v. 탈출하다, 달아나다　　[escaped-escaped-escaping]

The two brothers escaped from the prison during the night.
그 두 형제는 밤중에 감옥에서 탈출하였다.

---

070 **might** [mait] n. 힘
mighty [máiti] a. 강한, 힘센

I will help you with all my might.　내 모든 힘을 다해 너를 돕겠다.
We met a mighty wind on the top of the mountain.
우리는 산 정상에서 강풍을 만났다.

Pop Quiz

1 영어를 우리말로 써 보세요.

1. escape   _____
2. vocabulary   _____
3. might   _____
4. survive   _____
5. shortage   _____
6. poison   _____
7. material   _____

2 단어의 빠진 부분을 완성시켜 보세요.

1. 부족   sh _ rt _ g _   2. 독   p _ _ s _ n
3. 탈출하다   _ sc _ p _   4. 살아남다   s _ rv _ v _
5. 힘   m _ ght   6. 어휘   v _ c _ b _ l _ ry
7. 물질   m _ t _ r _ _ l

3 주어진 철자로 시작하는 단어로 쓰세요.

1. 힘   m _____
2. 어휘   v _____
3. 살아남다   s _____
4. 탈출하다   e _____
5. 부족   s _____
6. 물질   m _____
7. 독   p _____

071   **part-time** [páːrttàim] a. 시간제 노동의

My brother works at the shop as a part-time job.

우리 형은 시간제 일로 가게에서 일한다.

072   **region** [ríːdʒən] n. 지방, 지역

We can see this kind of plant only in the tropical region.

이 종류의 식물은 오직 열대 지방에서만 볼 수 있다.

073   **peak** [piːk] n. 절정, 꼭대기, 봉우리,

She is now at the peak of her popularity.

그녀는 지금 인기의 절정에 있다.

074   **gender** [dʒéndər] n. 성별, 성(性)

The gender gap between boys and girls is being narrow.

소년과 소녀 간의 성별 격차가 작아지고 있다.

075   **rug** [rʌg] n. 융단, 깔개

They lied on their back on the rug. 그들은 융단 위에 누워 있었다.

076   **invent** [invént] v. 발명하다   [invented-invented-inventing]
       invention [invénʃən] n. 발명, 발명품

Who invented the first eyeglasses? 누가 최초의 안경을 발명하였나?
He became famous for the invention of the light bulb.

그는 전구의 발명으로 유명해졌다.

077   **therefore** [ðɛərfɔ̀ːr] ad. 그러므로

He could not swim. Therefore, he was drowned.

그는 수영을 하지 못했다. 그러므로 그는 물에 빠져 죽고 말았다.

1 영어를 우리말로 써 보세요.

1. part-time _____
2. region _____
3. peak _____
4. gender _____
5. rug _____
6. invent _____
7. therefore _____

2 단어의 빠진 부분을 완성시켜 보세요.

1. 성별   g _ nd _ r   2. 융단   r _ g
3. 발명하다   _ nv _ nt   4. 절정   p _ _ k
5. 지방   r _ g _ _ n   6. 시간제 노동의 p _ rt-t _ m _
7. 그러므로   th _ r _ f _ r _

3 주어진 철자로 시작하는 단어로 쓰세요.

1. 융단   r_____
2. 성별   g_____
3. 지방   r_____
4. 시간제 노동의 p_____
5. 절정   p_____
6. 그러므로   t_____
7. 발명하다   i_____

078 **equal** [íːkwəl] a. 똑같은, 동등한 v. ~와 같다, 필적하다

[equaled-equaled-equaling]

One kilometer is equal to 1,000 meters. 1km는 1000m이다.
Two and two equals four. 2 더하기 2는 4와 같다.

079 **row** [rou] n. 줄, 열(列)

The students are standing in a row. 학생들이 한 줄로 서 있다.

080 **leak** [liːk] v. 새어 나오다, 새다 n. 새는 곳, 누출 [leaked-leaked-leaking]

Dirty water leaked from the pipe. 파이프에서 더러운 물이 새어 나왔다.
There is a leak in the boat. 배에 물이 새는 곳이 있다.

081 **solution** [səlúːʃn] n. 해결책, 해결

Do you have any good solution to the problem?
그 문제에 대해 좋은 해결책이 있습니까?

082 **scale** [skeil] n. 저울, 규모

Could you please put the package on the scale?
소포를 저울에 올려놓으세요.

083 **fierce** [fiərs] a. 사나운, 흉포한

There lived a fierce tiger in the forest.
숲 속에 사나운 호랑이 한 마리가 살고 있었다.

084 **reaction** [riǽkʃn] n. 반응, 반작용

There was no reaction to the comedian's joke.
그 코미디언의 농담에 아무 반응이 없었다.

085 **razor** [réizər] n. 면도기, 면도칼

My father bought me an electric razor for a birthday present.
우리 아버지는 내 생일 선물로 전기면도기를 사주셨다.

Pop Quiz

1 영어를 우리말로 써 보세요.

1. leak _____
2. equal _____
3. razor _____
4. fierce _____
5. solution _____
6. reaction _____
7. scale _____
8. row _____

2 단어의 빠진 부분을 완성시켜 보세요.

1. 줄   r _ w
2. 똑같은   _ q _ _ l
3. 해결책   s _ l _ t _ _ n
4. 사나운   f _ _ rc _
5. 면도기   r _ z _ r
6. 반응   r _ _ ct _ _ n
7. 저울   sc _ l _
8. 새어 나오다   l _ _ k

3 주어진 철자로 시작하는 단어로 쓰세요.

1. 똑같은   e _____
2. 새어 나오다   l _____
3. 줄   r _____
4. 반응   r _____
5. 해결책   s _____
6. 저울   s _____
7. 사나운   f _____
8. 면도기   r _____

086   **harm** [hɑːrm]   n. 해, 피해

                     v. 상하게 하다, 해를 끼치다   [harmed-harmed-harming]

   harmful [háːrmfəl]   a. 해로운

Smoking does a lot of harm to teenagers.

흡연은 청소년들에게 많은 해를 끼친다.

The scandal harmed his popularity.

그 스캔들은 그의 인기를 손상시켰다.

Instant food is harmful to your health.

인스턴트 식품은 네 건강에 해롭다.

087   **seek** [siːk]   v. 찾다, 추구하다   [sought-sought-seeking]

A lot of youths are seeking for the steady jobs.

많은 젊은이들이 안정적인 직장을 찾고 있다.

088   **cruel** [krúːəl]   a. 잔인한

   cruelty [krúːəlti]   n. 잔인, 잔인한 행동

Sometimes children are very cruel to weak animals.

때때로 아이들은 약한 동물들에게 매우 잔인하게 군다.

She was shocked at the cruelty of the war.

그녀는 전쟁의 잔인함에 충격을 받았다.

089   **empty** [émpti]   a. 빈, 인적이 없는 (*opp.* full, crowded)

   emptiness [émptinis]   n. 공허, 텅 빔, 공백

The gym was completely empty.   체육관은 완전히 비어 있었다.

The emptiness of the field made her feel sad.

그 벌판의 공허는 그녀를 슬프게 했다.

090   **loss** [lɔːs]   n. 손실, 손해, 실패

It is a great loss to lose this precious building.

이 귀중한 건물을 잃는 것은 큰 손실이다.

Pop Quiz

1 영어를 우리말로 써 보세요.

1. harm _____
2. loss _____
3. seek _____
4. empty _____
5. cruel _____

2 단어의 빠진 부분을 완성시켜 보세요.

1. 손실   l _ ss
2. 해   h _ rm
3. 잔인한   cr _ _ l
4. 찾다   s _ _ k
5. 빈   _ mpty

3 주어진 철자로 시작하는 단어로 쓰세요.

1. 손실   l _____
2. 잔인한   c _____
3. 빈   e _____
4. 해   h _____
5. 찾다   s _____

091 **uncommon** [ʌ̀nkʌ́mən] a. 비범한, 희귀한 (*syn.* rare)

The boy has an uncommon talent for writing.

그 소년은 글쓰기에 대한 비범한 재능이 있다.

092 **deposit** [dipázit] n. 예금(액), 보증금 v. 예금하다, 두다

[deposited-deposited-depositing]

She has a lot of deposit in the bank. 그녀는 은행에 많은 예금이 있다.

She deposited 2,000 dollars in the bank.

그녀는 은행에 2000달러를 예금했다.

093 **trash** [træʃ] n. 쓰레기, 부스러기

We saw a lot of trash here and there in the street.

우리는 거리 곳곳에서 많은 쓰레기를 보았다.

094 **temporary** [témpərèri] a. 임시의, 일시적인

The temporary worker made a big mistake.

임시 고용인이 큰 실수를 저질렀다.

095 **vegetarian** [vèdʒətɛ́əriən] n. 채식주의자

Everybody considers me a vegetarian.

모든 사람들이 나를 채식주의자로 생각한다.

Pop Quiz

1 영어를 우리말로 써 보세요.

1. uncommon _____
2. temporary _____
3. trash _____
4. vegetarian _____
5. deposit _____

2 단어의 빠진 부분을 완성시켜 보세요.

1. 쓰레기   tr _ sh
2. 임시의   t _ mp _ r _ ry
3. 예금   d _ p _ s _ t
4. 채식주의자   v _ g _ t _ r _ _ n
5. 비범한   _ nc _ mm _ n

3 주어진 철자로 시작하는 단어로 쓰세요.

1. 쓰레기   t _____
2. 임시의   t _____
3. 채식주의자   v _____
4. 비범한   u _____
5. 예금   d _____

VOCA Perfect

001 **agree** [əgríː] v. 동의하다 (*opp.* disagree) [agreed-agreed-agreeing]
agreement [əgríːmənt] n. 합의, 동의

I cannot agree with you about the problem.
나는 그 문제에 대해서는 네게 동의할 수 없다.

There is no agreement between the school and the students about the problem.
그 문제에 대해 학교와 학생들 사이에는 아무런 합의가 없다.

---

002 **explode** [iksplóud] v. 폭발하다 [exploded-exploded-exploding]
explosion [iksplóuʒən] n. 폭발

The gas may explode when it meets a flame.
그 가스는 불꽃을 만나면 폭발할 수 있다.

There was a gas explosion accident in this area a few years ago. 몇 년 전 이 지역에서는 가스 폭발 사고가 있었다.

---

003 **besides** [bisáidz] ad. 게다가 (*syn.* in addition)

Besides, he can't speak English. 게다가, 그는 영어를 하지 못한다.

---

004 **vote** [vout] v. 투표하다 [voted-voted-voting]

Only 20% of people voted. 단지 20%의 사람들만이 투표를 했다

---

005 **arise** [əráiz] v. 발생하다, 일어나다 [arose-arisen-arising]

Traffic accidents arise from careless driving.
교통사고는 부주의한 운전으로 발생한다.

---

006 **carve** [kɑːrv] v. 새기다, 조각하다 [carved-carved-carving]

The bad students carved their names on the pillar of the temple.
그 못된 학생들은 자기들의 이름을 절 기둥에 새겼다.

---

007 **uneasy** [ʌníːzi] a. 불안한, 염려스러운

Most students looked uneasy about the test results.
대부분의 학생들이 시험 결과에 대해 불안해 보였다.

1 영어를 우리말로 써 보세요.

1. arise _____
2. uneasy _____
3. explode _____
4. besides _____
5. carve _____
6. agree _____
7. vote _____

2 단어의 빠진 부분을 완성시켜 보세요.

1. 게다가　　b _ s _ d _ s　　　2. 동의하다　_ gr _ _
3. 불안한　　_ n _ _ sy　　　　4. 새기다　　c _ rv _
5. 폭발하다　_ xpl _ d _　　　　6. 투표하다　v _ t _
7. 발생하다　_ r _ s _

3 주어진 철자로 시작하는 단어로 쓰세요.

1. 동의하다　　　a _____
2. 불안한　　　　u _____
3. 새기다　　　　c _____
4. 발생하다　　　a _____
5. 게다가　　　　b _____
6. 폭발하다　　　e _____
7. 투표하다　　　v _____

008   **burden** [bə́:rdn]   n. 부담, 무거운 짐

The sudden death of his father was a heavy burden for him.

아버지의 갑작스러운 죽음은 그에게 큰 부담이었다.

009   **ideal** [aidí:əl]   n. 이상

He felt pain between the ideal and the real.

그는 이상과 현실 사이에서 괴로워했다.

010   **puddle** [pʌ́dl]   n. 웅덩이

There were a lot of puddles and little streams here and there after the heavy rain.   폭우가 내린 후 여기저기에 웅덩이와 개울이 생겼다.

011   **force** [fɔ:rs]   v. 억지로 ~시키다, 강요하다   n. 힘   [forced-forced-forcing]

The teacher forced me to remove all the scribbles on my desk.

선생님은 내 책상 위에 있는 모든 낙서를 다 지우게 하셨다.

The force of the explosion broke all the windows of the building.

폭발의 힘은 그 건물의 모든 유리창을 부숴버렸다.

012   **delay** [diléi]   v. 늦추다, 미루다   [delayed-delayed-delaying]

Flight 435 was delayed two hours by heavy rain.

435 항공편은 폭우 때문에 2시간 늦춰졌습니다.

013   **yell** [jel]   v. 소리치다 (*syn.* shout)   [yelled-yelled-yelling]

Why are the students yelling so loudly?

학생들이 왜 저렇게 소리를 질러대고 있지?

014   **shake** [ʃeik]   v. 흔들다   [shook-shaken-shaking]

She is shaking the bottle of coffee.   그녀는 커피 병을 흔들고 있다.

★ **shake hands with**   악수하다

Americans usually shake hands with each other.

미국인들은 보통 악수를 한다.

015   **straight** [streit]   a. 직선의, 곧은, 수직의

We drove our car on a straight road.

우린 직선 도로에서 운전했다.

Pop Quiz

1 영어를 우리말로 써 보세요.

1. shake _____
2. delay _____
3. puddle _____
4. yell _____
5. straight _____
6. burden _____
7. force _____
8. ideal _____

2 단어의 빠진 부분을 완성시켜 보세요.

1.	이상	_ d _ _ l	2.	부담	b _ rd _ n
3.	억지로 ~시키다	f _ rc _	4.	늦추다	d _ l _ y
5.	흔들다	sh _ k _	6.	웅덩이	p _ ddl _
7.	직선의	str _ _ ght	8.	소리치다	y _ ll

3 주어진 철자로 시작하는 단어로 쓰세요.

1. 이상   i _____
2. 부담   b _____
3. 늦추다   d _____
4. 웅덩이   p _____
5. 소리치다   y _____
6. 흔들다   s _____
7. 직선의   s _____
8. 억지로 ~시키다   f _____

016 **swallow** [swálou] v. 삼키다 n. 제비 [swallowed-swallowed-swallowing]

Oh, my God! The baby has swallowed the coin!

맙소사! 아기가 동전을 삼켜 버렸어!

The greedy man broke the swallow's legs.

그 욕심쟁이 남자는 제비 다리를 부러뜨렸다.

017 **creature** [krí:tʃər] n. 생물, 피조물
create [kriéit] v. 만들어내다, 창조하다

Without water, all creatures on the Earth would disappear.

물이 없다면, 지구상의 모든 생물은 사라져 버릴 것이다.

Hangeul was created by King Sejong.

한글은 세종대왕에 의해 만들어졌다.

018 **scratch** [skrætʃ] v. 긁다, 할퀴다 [scratched-scratched-scratching]

The student was scratching his head without saying anything.

그 학생은 아무 말도 하지 않고 머리를 긁적였다.

019 **physician** [fizíʃən] n. 내과 의사, 의사

The physician examined my stomach. 내과 의사가 내 위를 진단했다.

020 **naked** [néikid] a. 벌거숭이의, 나체의

The naked children were playing in the stream.

벌거숭이 아이들이 개울에서 놀고 있었다.

021 **allow** [əláu] v. 허락하다 [allowed-allowed-allowing]
allowance [əláuəns] n. 용돈, 수당

My mother doesn't allow me to go out after nine in the evening.

어머니는 내가 저녁 아홉 시 이후에 외출하는 것을 허락하지 않으신다.

My mother gives me an allowance once a week.

어머니는 1주일에 한 번 용돈을 주신다.

Pop Quiz

1 영어를 우리말로 써 보세요.

1. naked _____
2. swallow _____
3. creature _____
4. scratch _____
5. physician _____
6. allow _____

2 단어의 빠진 부분을 완성시켜 보세요.

1. 벌거숭이의   n _ k _ d
2. 생물   cr _ _ t _ r _
3. 내과 의사   phys _ c _ _ n
4. 삼키다   sw _ ll _ w
5. 허락하다   _ ll _ w
6. 긁다   scr _ tch

3 주어진 철자로 시작하는 단어로 쓰세요.

1. 긁다   s_____
2. 삼키다   s_____
3. 벌거숭이의   n_____
4. 허락하다   a_____
5. 생물   c_____
6. 내과 의사   p_____

022 **personal** [pə́ːrsənl] a. 개인의, 사적인
person [pə́ːrsn] n. 사람, 개인

You should be careful when you give out your personal
information.　개인 정보를 제공할 때는 조심해야만 합니다.
One person will be given one locker.
한 사람 당 1개의 사물함을 받을 것입니다.

023 **rob** [rɑb] v. 빼앗다, 훔치다　　　　　　　　[robbed-robbed-robbing]
robbery [rɑ́bəri] n. 강도질

The bad boys robbed the old man of money.
그 못된 소년들은 노인에게서 돈을 빼앗았다.
He was arrested for robbery.　그는 강도질을 해서 체포되었다.

024 **translate** [trænsléit] v. 번역하다, 해석하다
　　　　　　　　　　　　　　[translated-translated-translating]
translation [trænsléiʃən] n. 번역

Could you translate his words into Korean?
그의 말을 한국어로 옮겨주실 수 있으신가요?
The translation of this book is well done.
이 책의 번역은 잘 되어 있다.

025 **wage** [weidʒ] n. 임금, 급료

His wage is about three million won a month.
그의 임금은 한 달에 약 300만원이다.

026 **copy** [kɑ́pi] v. 베끼다, 복사하다 n. 복사본　　[copied-copied-copying]

The student copied the passage from the book.
그 학생은 책에서 그 구절을 베꼈다.
Can you make a copy of this document?
이 서류를 한 부 복사해 주시겠어요?

027 **slide** [slaid] v. 미끄러지다, 미끄러져 움직이다　　[slided-slided-sliding]

We slided down the hill which was covered with snow.
우리는 눈 덮인 언덕을 미끄러져 내려갔다.

Pop Quiz

1 영어를 우리말로 써 보세요.

1. rob   _____
2. copy   _____
3. translate   _____
4. personal   _____
5. slide   _____
6. wage   _____

2 단어의 빠진 부분을 완성시켜 보세요.

1. 임금   w _ g _
2. 번역하다   tr _ nsl _ t _
3. 베끼다   c _ py
4. 개인의   p _ rs _ n _ l
5. 빼앗다   r _ b
6. 미끄러지다   sl _ d _

3 주어진 철자로 시작하는 단어로 쓰세요.

1. 임금   w _____
2. 베끼다   c _____
3. 빼앗다   r _____
4. 미끄러지다   s _____
5. 번역하다   t _____
6. 개인의   p _____

028 **merely** [míərli] ad. 단지, 다만 (syn. only)

You are merely a middle school student. 너는 단지 중학생일 뿐이야.

029 **graveyard** [gréivjà:rd] n. 묘지

The two boys went to the graveyard secretly at night.

그 두 소년은 밤에 몰래 묘지로 갔다.

030 **bandage** [bǽndidʒ] n. 붕대, 안대

The doctor wrapped his arm in a bandage.

의사는 그의 팔을 붕대로 감았다.

031 **impact** [ímpækt] n. 영향, 충돌, 충격

His parents' sudden death had a great impact on his paintings.

그의 부모의 갑작스런 죽음은 그의 그림에 큰 영향을 주었다.

032 **scream** [skri:m] v. 소리치다, 비명 지르다 n. 비명, 절규

[screamed-screamed-screaming]

The teacher screamed at her students angrily.

그 선생님은 화가 나서 학생들에게 소리쳤다.

I heard a scream from somewhere around midnight.

나는 자정 무렵 어딘가에서 들려오는 비명을 들었다.

033 **superior** [səpíəriər] a. 우수한, 뛰어난 (syn. excellent) (opp. inferior)

Korean food is superior to American food.

한국 음식이 미국 음식보다 우수하다.

034 **inferior** [infíəriər] a. 하급의, 열등한 (opp. superior)

This leather jacket is inferior to that one in quality.

이 가죽 재킷은 저것에 비해 품질이 하급이다.

Pop Quiz

1 영어를 우리말로 써 보세요.

1. bandage   _____
2. graveyard   _____
3. impact   _____
4. scream   _____
5. merely   _____
6. inferior   _____
7. superior   _____

2 단어의 빠진 부분을 완성시켜 보세요.

1.	붕대	b _ nd _ g _	2.	단지	m _ r _ ly
3.	소리치다	scr _ _ m	4.	하급의	_ nf _ r _ _ r
5.	영향	_ mp _ ct	6.	묘지	gr _ v _ y _ rd
7.	우수한	s _ p _ r _ _ r			

3 주어진 철자로 시작하는 단어로 쓰세요.

1. 붕대   b_____
2. 묘지   g_____
3. 단지   m_____
4. 우수한   s_____
5. 하급의   i_____
6. 영향   i_____
7. 소리치다   s_____

035 **estimate** [éstəmèit] v. 추정하다, 평가하다, 어림잡다

[estimated-estimated-estimating]

estimation [èstəméiʃən] n. 판단, 평가

The doctor estimated that the cost will be more than ten million won. 의사는 비용이 1000만 원 이상 될 것이라고 추정했다.

In my estimation, the travel will take about two weeks.

내 판단으로는, 그 여행은 2주일 정도 걸릴 거야.

036 **image** [ímidʒ] n. 이미지, 인상

We can see a lot of images of tigers in traditional stories and paintings. 우리는 전래 동화와 그림에서 많은 호랑이의 이미지를 볼 수 있다.

037 **thief** [θiːf] n. 도둑

A brave middle school student caught the thief.

한 용감한 중학생이 도둑을 잡았다.

038 **conference** [kánfərəns] n. 회의, 협의

The conference starts at nine o'clock. 회의는 아홉 시에 시작한다.

039 **jewelry** [dʒúːəlri] n. 보석류

What did you buy at the jewelry store? 보석 가게에서 무엇을 샀니?

040 **arrange** [əréindʒ] v. 배열하다, 정돈하다, 준비하다

[arranged-arranged-arranging]

arrangement [əréindʒmənt] n. 배열, 정돈, 준비

The students are arranging desks for the test.

학생들이 시험을 위해 책상들을 배열하고 있다.

The arrangement of books in the library is necessary.

도서관의 책들을 배열하는 것이 필요하다.

041 **asleep** [əslíːp] a. 잠들어 (*opp.* awake)

Because the movie was too boring, I fell asleep.

영화가 너무 지루해서 나는 잠들어 버렸다.

Pop Quiz

1 영어를 우리말로 써 보세요.

1. asleep _____
2. estimate _____
3. arrange _____
4. jewelry _____
5. thief _____
6. image _____
7. conference _____

2 단어의 빠진 부분을 완성시켜 보세요.

1. 회의   c _ nf _ r _ nc _   2. 배열하다   _ rr _ ng _
3. 도둑   th _ _f   4. 이미지   _ m _ g _
5. 잠들어   _ sl _ _ p   6. 추정하다   _ st _ m _ t _
7. 보석류   j _ w _ lry

3 주어진 철자로 시작하는 단어로 쓰세요.

1. 도둑   t_____
2. 추정하다   e_____
3. 이미지   i_____
4. 회의   c_____
5. 잠들어   a_____
6. 배열하다   a_____
7. 보석류   j_____

042 **faithful** [féiθfəl] a. 충실한, 성실한, 열심인
He is a very faithful student.   그는 매우 성실한 학생이다.

043 **violent** [váiələnt] a. 폭력적인, 난폭한, 격렬한
violence [váiələns] n. 폭력, 격렬함
Gangster movies are too violent for teenagers.
조폭 영화는 청소년들에게는 너무 폭력적이다.
The leader opposed violence bravely.
그 지도자는 폭력에 용감하게 맞섰다.

044 **disappointment** [dìsəpɔ́intmənt] n. 실망
The concert was a disappointment.   그 콘서트는 실망 그 자체였다.

045 **abstract** [æbstrǽkt] a. 추상(파)의, 추상적인
The art museum is displaying some abstract paintings.
미술관에서 추상화를 전시하고 있다.

046 **liberate** [líbərèit] v. 해방하다, 석방하다   [liberated-liberated-liberating]
Who liberated slaves?   누가 노예들을 해방시켰는가?

047 **insult** [insʌ́lt] v. 모욕하다
He insulted me in front of everybody!
그는 모든 사람들 앞에서 나를 모욕했어!

048 **cliff** [klif] n. 절벽, 낭떠러지
We saw a lighthouse on the cliff.   우리는 절벽 위에서 등대를 보았다.

049 **sign** [sain] n. 간판, 신호, 기호 v. 서명하다   [signed-signed-signing]
We looked into the sign.   우리는 그 간판을 주의 깊게 살펴보았다.
Would you sign this, please?   여기에 서명해 주시겠습니까?

050 **unique** [juːníːk] a. 독특한, 유일무이한
The educational system of this school is so unique that most
students like it.
이 학교의 교육 체계는 매우 독특해서 대부분의 학생이 그것을 좋아한다.

Pop Quiz

1 영어를 우리말로 써 보세요.

1. sign _____
2. violent _____
3. liberate _____
4. abstract _____
5. insult _____
6. unique _____
7. faithful _____
8. cliff _____
9. disappointment _____

2 단어의 빠진 부분을 완성시켜 보세요.

1. 모욕하다 _ ns _ lt
2. 독특한 _ n _ q _ _
3. 해방하다 l _ b _ r _ t _
4. 간판 s _ gn
5. 추상의 _ bstr _ ct
6. 절벽 cl _ ff
7. 폭력적인 v _ _ l _ nt
8. 충실한 f _ _ thf _ l
9. 실망 d _ s _ pp _ _ ntm _ nt

3 주어진 철자로 시작하는 단어로 쓰세요.

1. 실망 d _____
2. 모욕하다 i _____
3. 독특한 u _____
4. 추상의 a _____
5. 해방하다 l _____
6. 간판 s _____
7. 절벽 c _____
8. 충실한 f _____
9. 폭력적인 v _____

051 **probably** [prábəbli] ad. 아마도 (*syn.* perhaps)
Probably, it will rain in the afternoon.
아마도 오후에는 비가 올 것이다.

052 **consist** [kənsíst] v. 이루어져 있다, ~에 있다
[consisted-consisted-consisting]
The English newspaper club consists of 25 students.
영어 신문 반은 25명의 학생들로 이루어져 있다.

053 **capture** [kǽptʃər] v. 붙잡다, 체포하다 [captured-captured-capturing]
The brave police officer chased the robber and captured him.
그 용감한 경찰관은 강도를 추적하여 붙잡았다.

054 **prosper** [práspər] v. 잘 되다, 번영하다 [prospered-prospered-prospering]
The IT business prospered a few years ago.
몇 년 전에는 IT 사업들이 잘 되었다.

055 **moral** [mɔ́ːrəl] a. 도덕의, 윤리의
morality [mərǽləti] n. 도덕성, 도덕
The moral education is necessary for teenagers.
10대들을 위한 도덕 교육이 필요하다.
The debate was about the morality of human cloning.
그 논쟁은 인간 복제의 도덕성에 대한 것이었다.

056 **client** [kláiənt] n. 의뢰인, 고객 (*syn.* customer)
The lawyer is supposed to meet a client at one o'clock.
그 변호사는 1시에 의뢰인과 만나기로 되어 있다.

057 **mission** [míʃən] n. 임무, 사명, 사절단
Your mission is to destroy the bridge before the enemy
approaches it. 당신의 임무는 적이 접근하기 전에 다리를 파괴하는 것입니다.

058 **fair** [fɛər] a. 공정한, 올바른
The game was not fair. 그 경기는 공정하지 못했다.

Pop Quiz

1 영어를 우리말로 써 보세요.

1. capture _____
2. fair _____
3. moral _____
4. prosper _____
5. probably _____
6. client _____
7. consist _____
8. mission _____

2 단어의 빠진 부분을 완성시켜 보세요.

1.	도덕의	m _ r _ l	2.	공정한	f _ _ r
3.	잘 되다	pr _ sp _ r	4.	아마도	pr _ b _ bly
5.	붙잡다	c _ pt _ r _	6.	의뢰인	cl _ _ nt
7.	이루어져 있다	c _ ns _ st	8.	임무	m _ ss _ _ n

3 주어진 철자로 시작하는 단어로 쓰세요.

1. 잘 되다   p_____
2. 임무   m_____
3. 아마도   p_____
4. 이루어져 있다   c_____
5. 도덕의   m_____
6. 붙잡다   c_____
7. 공정한   f_____
8. 의뢰인   c_____

059 **project** [prάdʒekt] n. 계획, 설계

He thought a lot about his secret project.

그는 비밀 계획에 대해 많이 생각했다.

060 **examine** [igzǽmin] v. 검사하다, 진찰하다, 시험하다

[examined-examined-examining]

examination [igzæ̀mənéiʃən] n. 시험, 조사

The doctor examined my stomach. 의사가 내 위를 검사했다.

The entrance examination of the school is very difficult.

그 학교의 입학시험은 매우 어렵다.

061 **enable** [enéibl] v. ~할 수 있게 하다, 가능하게 하다

[enabled-enabled-enabling]

Money enables one to do a lot of things.

돈은 많은 일들을 할 수 있게 한다.

062 **abuse** [əbjúːz] v. 남용하다, 오용하다, 학대하다 n. 학대, 남용, 욕설

[abused-abused-abusing]

The president abused his power. 그 대통령은 그의 권력을 남용했다.

Everybody was angry at the child abuse of the orphanage.

모든 사람들은 그 고아원의 아동 학대에 분노했다.

063 **discomfort** [diskΛmfərt] n. 불안, 불쾌

It caused me great discomfort. 그것은 내게 큰 불안을 일으켰다.

064 **thus** [ðΛs] ad. 이렇게, 이와 같이, 그러므로

He spoke thus. 그는 이렇게 말했다.

065 **animation** [æ̀nəméiʃən] n. 만화 영화, 생기, 활기

He was one of the most famous animation artists.

그는 가장 유명한 애니메이션 예술가 중 하나다.

066 **noun** [naun] n. 명사

Check all the nouns in the text. 본문에 있는 모든 명사들에 표시하세요.

Pop Quiz

1 영어를 우리말로 써 보세요.

1. noun _____
2. project _____
3. abuse _____
4. thus _____
5. animation _____
6. discomfort _____
7. enable _____
8. examine _____

2 단어의 빠진 부분을 완성시켜 보세요.

1. 불안　　　d _ sc _ mf _ rt
2. 명사　　　n _ _ n
3. 계획　　　pr _ j _ ct
4. 이렇게　　　th _ s
5. 검사하다　　_ x _ m _ n _
6. ~할 수 있게 하다　_ n _ bl _
7. 만화 영화　_ n _ m _ t _ _ n
8. 남용하다　　_ b _ s _

3 주어진 철자로 시작하는 단어로 쓰세요.

1. 검사하다　　　e _____
2. 명사　　　　　n _____
3. 이렇게　　　　t _____
4. 만화 영화　　a _____
5. 남용하다　　　a _____
6. 불안　　　　　d _____
7. ~할 수 있게 하다　e _____
8. 계획　　　　　p _____

067 **share** [ʃɛər] v. ~와 함께 쓰다, 분배하다, 나누다 n. 몫, 할당량
[shared-shared-sharing]

I share my room with my brother. 나는 형과 방을 같이 쓴다.
This is my share. 이것은 내 몫이다.

068 **influence** [ínfluəns] n. 영향, 효과

The weather change have had a great influence on our life.
날씨의 변화는 우리 생활에 많은 영향을 미치고 있다.

069 **basic** [béisik] a. 기초의, 근본적인
base [beis] n. 토대, 기초

The student didn't know even basic words.
그 학생은 기초적인 단어들조차 몰랐다.
The base of the statue is cement. 그 조각상의 토대는 시멘트이다.

070 **religion** [rilídʒən] n. 종교
religious [rilídʒəs] a. 종교의, 종교적인

What is your religion? 당신의 종교는 무엇입니까?
They sell religious books in the bookstore.
저 서점에서는 종교 서적을 판다.

071 **roll** [roul] v. 구르다, 뒹굴다 n. 한 통, 두루마리 [rolled-rolled-rolling]

The two children were rolling over and over on the floor.
두 명의 어린이들은 바닥 위를 구르고 또 굴렀다.
I'd like to buy two rolls of film. 나는 필름 두 통을 사고 싶습니다.

072 **signal** [sígnəl] n. 신호

Don't ignore the traffic signal! 교통 신호를 무시하지 마라!

073 **classify** [klǽsəfài] v. 분류하다 [classified-classified-classifying]

He classified the artworks into a few types.
그는 공예품들을 몇 개의 유형으로 나누었다.

Pop Quiz

1 영어를 우리말로 써 보세요.

1. religion   _____
2. signal   _____
3. basic   _____
4. share   _____
5. classify   _____
6. influence   _____
7. roll   _____

2 단어의 빠진 부분을 완성시켜 보세요.

1. ~와 함께 쓰다   sh _ r _   2. 종교   r _ l _ g _ _ n
3. 영향   _ nfl _ _ nc _   4. 구르다   r _ ll
5. 기초의   b _ s _ c   6. 신호   s _ gn _ l
7. 분류하다   cl _ ss _ fy

3 주어진 철자로 시작하는 단어로 쓰세요.

1. 영향   i _____
2. 종교   r _____
3. 구르다   r _____
4. 기초의   b _____
5. ~와 함께 쓰다   s _____
6. 신호   s _____
7. 분류하다   c _____

074 **bankrupt** [bǽŋkrʌpt] a. 파산한
bankruptcy [bǽŋkrʌptsi] n. 파산

Many companies have gone bankrupt nowadays.

요즘 많은 회사들이 파산하고 있다.

He did everything to prevent the bankruptcy of the company.

그는 그 회사의 파산을 막기 위해 모든 것을 했다.

075 **paste** [peist] n. 풀, 반죽한 것 v. 풀로 붙이다 [pasted-pasted-pasting]

I put some paste on the stamp. 나는 풀을 우표에 발랐다.

She pasted a stamp on the envelope.

그녀는 우표를 편지 봉투 위에 풀로 붙였다.

076 **tie** [tai] v. 매다, 묶다 n. 넥타이, 끈 [tied-tied-tying]

The child tied a big ribbon to the dog's tail.

그 어린아이는 개 꼬리에 커다란 리본을 매 놓았다.

You should wear a tie when you attend the ceremony.

기념식에 참가할 때는 넥타이를 매야 한다.

077 **refer** [rifə́ːr] v. 참고하다, 언급하다, 인용하다 [referred-referred-referring]

He referred to the dictionary to understand the meaning.

그는 의미를 이해하기 위해 사전을 찾아보았다.

078 **frightened** [fráitnd] a. 겁에 질린
frighten [fráitn] v. 겁먹게 하다

The fire fighters found the frightened child in the basement.

소방관들은 지하실에서 겁에 질린 어린아이를 발견했다.

The man shook his fist to frighten the students.

그 남자는 학생들을 겁주려고 주먹을 흔들어 보였다.

Pop Quiz

1 영어를 우리말로 써 보세요.

1. paste _____
2. bankrupt _____
3. tie _____
4. frightened _____
5. refer _____

2 단어의 빠진 부분을 완성시켜 보세요.

1. 겁에 질린   fr _ ght _ n _ d
2. 매다   t _ _
3. 참고하다   r _ f _ r
4. 풀   p _ st _
5. 파산한   b _ nkr _ pt

3 주어진 철자로 시작하는 단어로 쓰세요.

1. 매다   t _____
2. 풀   p _____
3. 겁에 질린   f _____
4. 참고하다   r _____
5. 파산한   b _____

079   **fear** [fiər]   n. 두려움, 공포
      fearful [fíərfəl]   a. 무시무시한, 무서운
The brave boy showed no fear in front of the giant.
그 용감한 소년은 거인 앞에서도 두려움을 보이지 않았다.
The fearful darkness made me not go there.
무시무시한 어두움이 나를 그곳에 못 가게 했다.

080   **fortunate** [fɔ́ːrtʃənət]   a. 운이 좋은, 행운의 (syn. lucky)
      fortune [fɔ́ːrtʃən]   n. 재산, 부, 행운
I was fortunate to meet the famous actor by chance.
저 유명한 영화배우를 만나다니 난 운이 좋았다.
She has a great fortune.   그녀는 막대한 재산을 갖고 있다.

081   **rub** [rʌb]   v. 문지르다, 비비다   [rubbed-rubbed-rubbing]
Because he rubbed his eyes too hard, they turned red.
그가 눈을 너무 세게 문질렀기 때문에, 눈이 빨갛게 되었다.

082   **edit** [édit]   v. 편집하다   [edited-edited-editing]
I have to edit my journal by tomorrow.
나는 내일까지 일지를 편집해야 해.

083   **constant** [kánstənt]   a. 끊임없는, 불변의, 일정한
      constantly [kánstəntli]   ad. 항상, 끊임없이
We heard the constant noise from outside.
우리는 밖에서 끊임없는 소음을 들었다.
The student reads books constantly.   그 학생은 항상 책을 읽는다.

084   **democracy** [dimákrəsi]   n. 민주주의
We learned about the history of democracy today.
우리는 오늘 민주주의의 역사에 대해 공부했다.

Pop Quiz

1 영어를 우리말로 써 보세요.

1. fear _____
2. democracy _____
3. fortunate _____
4. edit _____
5. rub _____
6. constant _____

2 단어의 빠진 부분을 완성시켜 보세요.

1. 두려움   f _ _ r
2. 끊임없는   c _ nst _ nt
3. 운이 좋은   f _ rt _ n _ t _
4. 문지르다   r _ b
5. 민주주의   d _ m _ cr _ cy
6. 편집하다   _ d _ t

3 주어진 철자로 시작하는 단어로 쓰세요.

1. 문지르다   r_____
2. 민주주의   d_____
3. 두려움   f_____
4. 편집하다   e_____
5. 운이 좋은   f_____
6. 끊임없는   c_____

085 **peninsula** [pənínsjulə] n. 반도

Korean is spoken only in the Korean Peninsula.

한국어는 한반도에서만 사용된다.

086 **approve** [əprúːv] v. 승인하다, 찬성하다 [approved-approved-approving]
approval [əprúːvəl] n. 승인, 찬성

He didn't approve my plan to invest money to the company.

그는 그 회사에 투자하자는 나의 계획을 승인하지 않았다.

I visited my teacher to get approval to go out.

나는 외출을 하기 위한 허락을 받기 위해 선생님께 찾아갔다.

087 **sore** [sɔːr] a. 욱신거리는, 아픈, 쓰린

Are your shoulders still sore? 어깨가 아직도 욱신거리나요?

088 **exact** [igzǽkt] a. 정확한

Do you know the exact time for the concert to start?

콘서트가 시작되는 정확한 시간을 아니?

089 **possible** [pásəbl] a. 가능한, 있음직한 (opp. impossible)
possibility [pàsəbíləti] n. 가능성 (syn. probability)

Is it possible to swim across the river?

이 강을 가로질러 수영하는 것이 가능할까?

There is no possibility that he will love you.

그가 널 사랑할 가능성은 없다.

090 **urgent** [ə́ːrdʒənt] a. 긴급한, 다급한
urgency [ə́ːrdʒənsi] n. 절박, 긴급

Nobody realized the urgent situation.

누구도 그 긴급한 상황을 깨닫지 못했다.

I read the feeling of urgency in her eyes.

나는 그녀의 눈에서 절박한 감정을 읽을 수 있었다.

Pop Quiz

1 영어를 우리말로 써 보세요.

1. sore _____
2. possible _____
3. peninsula _____
4. exact _____
5. urgent _____
6. approve _____

2 단어의 빠진 부분을 완성시켜 보세요.

1. 긴급한   _ rg _ nt
2. 가능한   p _ ss _ bl _
3. 승인하다   _ ppr _ v _
4. 정확한   _ x _ ct
5. 욱신거리는   s _ r _
6. 반도   p _ n _ ns _ l _

3 주어진 철자로 시작하는 단어로 쓰세요.

1. 긴급한   u _____
2. 반도   p _____
3. 욱신거리는   s _____
4. 가능한   p _____
5. 정확한   e _____
6. 승인하다   a _____

VOCA Perfect

001   **receive** [risíːv]   v. 받다   [received-received-receiving]
         receipt [risíːt]   n. 영수증

Did you receive the letter from the homeroom teacher?
담임선생님으로부터 편지 받았니?
You need the receipt to get a refund.
환불을 하시려면 영수증이 필요합니다.

002   **postpone** [poustpóun]   v. 연기하다 (*syn.* put off)
                               [postponed-postponed-postponing]

The school postponed the school excursion because of rain.
학교는 비 때문에 소풍을 연기했다.

003   **scenery** [síːnəri]   n. 풍경 (*syn.* view)

We enjoyed the beautiful scenery in Jeju Island.
우리는 제주도에서 아름다운 풍경을 즐겼다.

004   **float** [flout]   v. 떠다니다, 뜨다   [floated-floated-floating]

Red and yellow leaves are floating on the small pond.
빨강고 노란 낙엽들이 작은 연못 위에서 떠다니고 있다.

005   **term** [təːrm]   n. 학기, 기간

We are going to have a party on the last day of term.
우리는 학기 마지막 날에 파티를 하려고 한다.

006   **terrific** [tərífik]   a. 빼어난, 엄청난, 멋진

He is a terrific singer although he is not so handsome.
그는 잘 생기지 못했지만 빼어난 가수이다.

007   **province** [právins]   n. (한국의) 도(道), 지방

Most population live in Seoul and around Gyeonggi Province.
대부분의 인구가 서울과 경기도 근교에서 거주한다.

008   **souvenir** [sùːvəníər]   n. 기념품

What do you want to buy for souvenirs?   기념품으로 뭘 사고 싶니?

Pop Quiz

1 영어를 우리말로 써 보세요.

1. souvenir _____
2. term _____
3. province _____
4. scenery _____
5. postpone _____
6. receive _____
7. float _____
8. terrific _____

2 단어의 빠진 부분을 완성시켜 보세요.

1. 학기　　　 t _ rm
2. 기념품　　 s _ _ v _ n _ r
3. 떠다니다　 fl _ _ t
4. 풍경　　　 sc _ n _ ry
5. 빼어난　　 t _ rr _ f _ c
6. 연기하다　 p _ stp _ n _
7. 도(道)　　 pr _ v _ nc _
8. 받다　　　 r _ c _ _ v _

3 주어진 철자로 시작하는 단어로 쓰세요.

1. 학기　　　 t _____
2. 연기하다　 p _____
3. 기념품　　 s _____
4. 빼어난　　 t _____
5. 받다　　　 r _____
6. 도(道)　　 p _____
7. 떠다니다　 f _____
8. 풍경　　　 s _____

009   **torch** [tɔːrtʃ] n. 횃불

He carried a torch in his hand.   그는 손에 횃불을 들었다.

010   **propose** [prəpóuz] v. 제안하다 (syn. suggest), 청혼하다

[proposed-proposed-proposing]

proposal [prəpóuzəl] n. 청혼, 제안

He proposed going to movies after the mid-term exam.
그는 중간고사 끝나고 영화 보러 갈 것을 제안했다.
She refused his proposal.   그녀는 그의 청혼을 거절했다.

011   **furthermore** [fə́ːrðərmɔ̀ːr] ad. 게다가, 더군다나 (syn. moreover)

Furthermore, she helped her mother with house chores after
school.   게다가, 그녀는 방과 후에 어머니의 집안일도 돕는다.

012   **sigh** [sai] v. 한숨 쉬다   [sighed-sighed-sighing]

The teacher sighed and turned his eyes away from me.
선생님은 한숨을 쉬더니 내게서 눈길을 돌리셨다.

013   **vocation** [voukéiʃən] n. 직업, 천직, 사명

If you had a vocation, it could be better.
네가 직업을 갖고 있다면, 더 나았을 텐데.

014   **local** [lóukəl] a. 지방의, 지역의

Some local products are sold well in Seoul.
일부 지방 생산품은 서울에서 잘 팔린다.

015   **essential** [isénʃəl] a. 필수적인, 가장 중요한, 본질적인
essence [esns] n. 본질, 정수

Water is essential to life.   물은 생명체에 필수적이다.
Tolerance is the essence of friendship.   인내는 우정의 본질이다.

016   **horizon** [həráizn] n. 수평선, 지평선
horizontal [hɔ̀ːrəzántl] a. 가로의, 수평선(지평선)의

The Sun sets below the horizon.   태양이 수평선 아래로 진다.
Draw 3 horizontal lines.   3개의 가로줄을 그리세요.

Pop Quiz

1 영어를 우리말로 써 보세요.

1. propose _____
2. local _____
3. torch _____
4. sigh _____
5. furthermore _____
6. horizon _____
7. vocation _____
8. essential _____

2 단어의 빠진 부분을 완성시켜 보세요.

1. 한숨 쉬다 s _ gh
2. 수평선 h _ r _ z _ n
3. 횃불 t _ rch
4. 필수적인 _ ss _ nt _ _ l
5. 제안하다 pr _ p _ s _
6. 게다가 f _ rth _ rm _ r _
7. 직업 v _ c _ t _ _ n
8. 지방의 l _ c _ l

3 주어진 철자로 시작하는 단어로 쓰세요.

1. 수평선 h _____
2. 필수적인 e _____
3. 횃불 t _____
4. 지방의 l _____
5. 한숨 쉬다 s _____
6. 제안하다 p _____
7. 게다가 f _____
8. 직업 v _____

017 **freeze** [friːz] v. 얼음이 얼다, 매우 춥다 [froze-frozen-freezing]
frozen [fróuzn] a. 냉동된, 얼어붙은

Water freezes at 0 degrees Centigrade.
물은 섭씨 0도에서 얼음으로 언다.
My father doesn't like frozen food.
우리 아버지는 냉동식품을 좋아하지 않으신다.

018 **philosophy** [filásəfi] n. 철학
philosopher [filásəfər] n. 철학자, 현인

Are you happy with your major, philosophy?
당신의 전공인 철학에 만족합니까?
Her son grew up to be the greatest philosopher.
그녀의 아들은 자라서 가장 위대한 철학자가 되었다.

019 **fairy** [féəri] n. 요정

The fairy was flying around the room and disappeared.
그 요정은 방 안을 날아다니다 사라져 버렸다.

020 **save** [seiv] v. 구하다, 지키다, 모으다 [saved-saved-saving]

You can save a lot of children by donating some money.
약간의 돈을 기부함으로써 많은 어린이들을 구할 수 있습니다.

021 **efficient** [ifíʃənt] a. 효율적인, 효과 있는 (syn. effective)
efficiently [ifíʃəntli] ad. 효과적으로, 능률적으로

The teacher told the students about the efficient method of
studying.   선생님은 학생들에게 효과적인 공부 방법에 대해 말해 주었다.
Most students don't know how to study efficiently.
대부분의 학생들은 어떻게 효과적으로 공부해야 하는지 모른다.

022 **regular** [régjulər] a. 규칙적인, 정기적인, 보통의 (opp. irregular)
regularly [régjulərli] ad. 규칙적으로

Eating regular meals is good for health.
규칙적인 식사를 하는 것은 건강에 좋다.
You should exercise regularly to be healthy.
건강해지기 위해서는 규칙적으로 운동해야 한다.

Pop Quiz

1 영어를 우리말로 써 보세요.

1. freeze   _____
2. philosophy   _____
3. save   _____
4. regular   _____
5. efficient   _____
6. fairy   _____

2 단어의 빠진 부분을 완성시켜 보세요.

1. 규칙적인   r _ g _ l _ r
2. 요정   f _ _ ry
3. 효율적인   _ ff _ c _ _ nt
4. 얼음이 얼다   fr _ _ z _
5. 철학   ph _ l _ s _ phy
6. 구하다   s _ v _

3 주어진 철자로 시작하는 단어로 쓰세요.

1. 구하다   s _____
2. 효율적인   e _____
3. 요정   f _____
4. 규칙적인   r _____
5. 얼음이 얼다   f _____
6. 철학   p _____

023   **expert** [ékspəːrt]   n. 전문가

She is an expert on English education.   그녀는 영어 교육 전문가이다.

---

024   **foolish** [fúːliʃ]   a. 어리석은, 우둔한 (*syn.* stupid)
       fool [fuːl]   n. 바보, 멍청이

I was so foolish to believe his words.

나는 그의 말을 믿을 만큼 어리석었다.

The student acted like a fool intentionally.

그 학생은 일부러 바보처럼 행동했다.

---

025   **import** [impɔ́ːrt]   v. 수입하다 (*opp.* export) [imported-imported-importing]

Korea has to import oil from other countries.

한국은 다른 나라에서 석유를 수입해야만 한다.

---

026   **portrait** [pɔ́ːrtrit]   n. 초상화

We can see the portrait of Admiral Yi Sun Shin at Hyeonchungsa.

현충사에서 이순신 장군의 초상화를 볼 수 있다.

---

027   **theory** [θíəri]   n. 이론, 학설

The scientist proved the theory of relativity first.

그 과학자는 상대성 이론을 최초로 증명했다.

---

028   **fable** [féibl]   n. 우화

When I was a child, I liked to read Aesop's fables.

어린아이였을 때, 나는 이솝 우화를 읽기 좋아했다.

---

029   **admire** [ædmáiər]   v. 존경하다, 감탄하다, 칭찬하다
                                        [admired-admired-admiring]
       admiration [æ̀dməréiʃən]   n. 찬양, 감탄

I admire my father and love him very deeply.

나는 아버지를 존경하고, 깊이 사랑한다.

His efforts are worthy of the highest admiration.

그의 노력은 가장 높게 찬양될 가치가 있다.

Pop Quiz

1 영어를 우리말로 써 보세요.

1. theory _____
2. admire _____
3. import _____
4. portrait _____
5. expert _____
6. fable _____
7. foolish _____

2 단어의 빠진 부분을 완성시켜 보세요.

1. 우화	f _ bl _	2. 존경하다	_ dm _ r _
3. 초상화	p _ rtr _ _ t	4. 수입하다	_ mp _ rt
5. 어리석은	f _ _ l _ sh	6. 전문가	_ xp _ rt
7. 이론	th _ _ ry		

3 주어진 철자로 시작하는 단어로 쓰세요.

1. 초상화   p _____
2. 어리석은   f _____
3. 이론   t _____
4. 존경하다   a _____
5. 수입하다   i _____
6. 우화   f _____
7. 전문가   e _____

030 **except** [iksépt] prep. ~을 제외하고는 (*syn.* but)
exception [iksépʃən] n. 예외, 제외

Everyone was prepared for the mid-term exam perfectly except me. 나를 제외하고는 모든 사람들이 완벽하게 중간고사를 준비했다.

Every rule has its exception. 모든 규칙은 예외를 가지고 있다.

031 **modify** [mádəfài] v. (일부)변경하다, 수정하다
[modified-modified-modifying]
modification [màdəfikéiʃən] n. 변경, 수정

The educational institute modified the entrance conditions.
그 학원은 입학 조건을 다소 변경했다.

The modification of the entrance conditions did not make any changes. 입학 조건의 변경은 아무 변화도 일으키지 못했다.

032 **nowadays** [náuədèiz] ad. 요즈음에는, 오늘날에는

Teenagers have been taller nowadays.

요즘은 십대들이 키가 더 커졌다.

033 **example** [igzǽmpl] n. 예, 보기, 모범

Let me give you some examples.

제가 몇 가지 예를 들어 드리죠.

034 **honor** [ánər] n. 영광, 명예
honorable [ánərəbl] a. 존경할 만한, 명예로운

It's an honor to meet you. 당신을 만나다니 영광입니다.

The retired president is an honorable man.

은퇴한 그 대통령은 존경할 만한 분이다.

035 **soak** [souk] v. 적시다, 담그다 [soaked-soaked-soaking]

He soaked his donut into coffee and ate it.

그는 커피에 도넛을 적신 다음 먹었다.

036 **charming** [tʃáːrmiŋ] a. 매력적인

She was so charming that every boy liked her.

그녀는 매우 매력적이어서 모든 남자아이들이 그녀를 좋아했다.

1 영어를 우리말로 써 보세요.

1. except　　　　＿＿＿＿＿＿＿＿＿＿＿＿＿＿＿
2. nowadays　　＿＿＿＿＿＿＿＿＿＿＿＿＿＿＿
3. honor　　　　＿＿＿＿＿＿＿＿＿＿＿＿＿＿＿
4. soak　　　　　＿＿＿＿＿＿＿＿＿＿＿＿＿＿＿
5. modify　　　　＿＿＿＿＿＿＿＿＿＿＿＿＿＿＿
6. example　　　＿＿＿＿＿＿＿＿＿＿＿＿＿＿＿
7. charming　　　＿＿＿＿＿＿＿＿＿＿＿＿＿＿＿

2 단어의 빠진 부분을 완성시켜 보세요.

1. 예　　　　　　＿ x ＿ mpl ＿
2. 요즈음에는　　n ＿ w ＿ d ＿ ys
3. ~을 제외하고　＿ xc ＿ pt
4. 매력적인　　　ch ＿ rm ＿ ng
5. 영광　　　　　h ＿ n ＿ r
6. 적시다　　　　s ＿ ＿ k
7. 변경하다　　　m ＿ d ＿ fy

3 주어진 철자로 시작하는 단어로 쓰세요.

1. ~을 제외하고　　e ＿＿＿＿＿＿＿＿＿＿
2. 예　　　　　　　e ＿＿＿＿＿＿＿＿＿＿
3. 영광　　　　　　h ＿＿＿＿＿＿＿＿＿＿
4. 적시다　　　　　s ＿＿＿＿＿＿＿＿＿＿
5. 변경하다　　　　m ＿＿＿＿＿＿＿＿＿＿
6. 매력적인　　　　c ＿＿＿＿＿＿＿＿＿＿
7. 요즈음에는　　　n ＿＿＿＿＿＿＿＿＿＿

037 **angle** [ǽŋgl] n. 각도, 각
You can measure an angle with this. 이것으로 각도를 잴 수 있습니다.

038 **hydrogen** [háidrədʒən] n. 수소
Water is made up of hydrogen and oxygen.
물은 수소와 산소로 이루어져 있다.

039 **repair** [ripέər] v. 수리하다, 수선하다 (*syn.* fix) [repaired-repaired-repairing]
I took the computer apart to repair it.
나는 컴퓨터를 수리하려고 그것을 분해했다.

040 **offend** [əfénd] v. 기분 상하게 하다, 성나게 하다
[offended-offended-offending]
offense [əféns] n. 범죄, 위반, 위법 행위
You should be careful not to offend others.
다른 사람의 기분을 상하게 하지 않도록 주의해야만 한다.
It is a minor offense to shout and sing loudly at night.
밤에 크게 소리치고 노래 부르는 것은 경범죄이다.

041 **landscape** [lǽndskèip] n. 경치, 풍경 (*syn.* scenery)
She took a picture of the beautiful landscape.
그녀는 그 아름다운 경치를 사진으로 찍었다.

042 **historical** [histɔ́ːrikəl] a. 역사(상)의, 역사적인
history [hístəri] n. 역사
Nowadays, historical TV dramas have been in fashion.
요즘 역사 드라마가 유행이다.
History is my favorite subject. 역사는 내가 가장 좋아하는 과목이다.

043 **soil** [sɔil] n. 흙, 토양
My father put black soil into the pot.
아버지는 화분에 검은 흙을 넣었다.

Pop Quiz

1 영어를 우리말로 써 보세요.

1. hydrogen _____
2. landscape _____
3. repair _____
4. offend _____
5. historical _____
6. angle _____
7. soil _____

2 단어의 빠진 부분을 완성시켜 보세요.

1. 기분 상하게 하다 _ ff _ nd
2. 흙 s _ _ l
3. 수소 hydr _ g _ n
4. 수리하다 r _ p _ _ r
5. 각도 _ ngl _
6. 경치 l _ ndsc _ p _
7. 역사의 h _ st _ r _ c _ l

3 주어진 철자로 시작하는 단어로 쓰세요.

1. 경치 l _____
2. 역사의 h _____
3. 수소 h _____
4. 수리하다 r _____
5. 기분 상하게 하다 o _____
6. 각도 a _____
7. 흙 s _____

044 **rude** [ru:d] a. 무례한, 버릇없는 (*syn.* impolite)
rudeness [rúːdnis] n. 무례함

The boy is rude to every teacher.

그 남자아이는 모든 선생님에게 무례하게 군다.

I cannot bear his rudeness.   나는 그의 무례함을 참을 수 없다.

---

045 **grain** [grein] n. 낟알, 곡물

The man realized that there was not a grain of rice in the house.

그 남자는 집 안에 쌀 한 톨 없다는 것을 깨달았다.

---

046 **sculpture** [skʌ́lptʃər] n. 조각(물), 조각술

She made a lot of sculptures during her life time.

그녀는 생전에 많은 조각상들을 만들었다.

---

047 **belong** [bilɔ́ːŋ] v. ～에 속하다, ～의 소유물이다

[belonged-belonged-belonging]

belonging [bilɔ́ːŋiŋ] n. 소지품, 소유물

I belong to the English newspaper club.

나는 영자 신문 클럽에 소속되어 있다.

Put your belongings into your personal locker.

소지품을 모두 사물함에 넣어 두세요.

---

048 **general** [dʒénərəl] a. 일반적인, 대체적인
generally [dʒénərəli] ad. 대개, 일반적으로

This book is written for general middle school students.

이 책은 일반적인 중학생들을 위해 쓰였습니다.

Students generally go to educational institutes after school.

학생들은 대개 방과 후에 학원에 갑니다.

---

049 **clothes** [klouz] n. 옷, 의복

I am going to take out autumn clothes this Saturday.

이번 주 토요일에는 가을 옷을 꺼내 놓을 거야.

Pop Quiz

1 영어를 우리말로 써 보세요.

1. sculpture _____
2. rude _____
3. belong _____
4. clothes _____
5. grain _____
6. general _____

2 단어의 빠진 부분을 완성시켜 보세요.

1. 일반적인   g _ n _ r _ l
2. 낟알   gr _ _ n
3. 무례한   r _ d _
4. 조각   sc _ lpt _ r _
5. ~에 속하다   b _ l _ ng
6. 옷   cl _ th _ s

3 주어진 철자로 시작하는 단어로 쓰세요.

1. 조각   s _____
2. ~에 속하다   b _____
3. 옷   c _____
4. 무례한   r _____
5. 낟알   g _____
6. 일반적인   g _____

Lesson 9 • 265

050 **evil** [íːvəl] a. 사악한, 나쁜 n. 악

The country was ruled by an evil witch.

그 나라는 사악한 마녀에게 지배되고 있었다.

Where there is good, there is evil. 선한 것이 있는 곳에, 악도 있다.

---

051 **mankind** [mæ̀nkáind] n. 인류

The environmental pollution is a great threat to mankind.

환경오염은 인류에게는 큰 위협이다.

---

052 **structure** [strʌ́ktʃər] n. 구조, 조직

The structure of each character is beautiful and balanced.

각 글자의 구조는 아름다우며 균형이 잡혀 있다.

---

053 **murder** [mə́ːrdər] v. 살인하다   [murdered-murdered-murdering]

People were shocked that the man murdered so many people.

사람들은 그 사람이 그렇게 많은 사람들을 살인했다는 것에 충격을 받았다.

---

054 **imaginary** [imǽdʒənèri] a. 상상의, 가공의

A dragon is an imaginary animal. 용은 상상의 동물이다.

---

055 **cotton** [kátn] n. 면직물, 솜, 목화

This shirt is made of cotton. 이 셔츠는 면으로 만들어져 있다.

---

056 **exhibit** [igzíbit] v. 전시하다, 진열하다   [exhibited-exhibited-exhibiting]

The art museum exhibits Monet's paintings next month.

그 미술관은 다음 달에 모네의 그림들을 전시할 것이다.

---

057 **attribute** [ətríbjuːt] v. ~의 덕분으로 하다, ~의 공으로 돌리다

[attributed-attributed-attributing]

He attributed his success to good luck.

그는 자신의 성공을 행운 덕분이라고 했다.

Pop Quiz

1 영어를 우리말로 써 보세요.

1. structure _____
2. cotton _____
3. mankind _____
4. murder _____
5. evil _____
6. attribute _____
7. exhibit _____
8. imaginary _____

2 단어의 빠진 부분을 완성시켜 보세요.

1. ~의 덕분으로 하다 _ ttr _ b _ t _
2. 면직물 c _ tt _ n
3. 상상의 _ m _ g _ n _ ry
4. 구조 str _ ct _ r _
5. 인류 m _ nk _ nd
6. 살인하다 m _ rd _ r
7. 전시하다 _ xh _ b _ t
8. 사악한 _ v _ l

3 주어진 철자로 시작하는 단어로 쓰세요.

1. 인류 m_____
2. 전시하다 e_____
3. 면직물 c_____
4. ~의 덕분으로 하다 a_____
5. 구조 s_____
6. 사악한 e_____
7. 상상의 i_____
8. 살인하다 m_____

058　**publish** [pʌ́bliʃ] v. 출판하다, 발행하다, 발표하다

[published-published-publishing]

publication [pʌ̀bləkéiʃən] n. 출판, 발행

The book was published 100 years ago.

그 책은 100년 전에 출판되었다.

I am expecting the publication of the book.

나는 그 책의 출판을 기대하고 있다.

059　**positive** [pázətiv] a. 적극적인, 분명한, 명확한

She is such a positive person.　그녀는 매우 적극적인 사람이다.

060　**helpful** [hélpfəl] a. 도움이 되는, 유익한

helpless [hélplis] a. 무력한, 어쩔 수 없는

Listening to music may not be helpful when you study.

공부할 때 음악을 듣는 것은 도움이 되지 않을 수도 있다.

I felt helpless when I knew there was nothing to do.

할 수 있는 게 없다는 것을 알았을 때 나는 무력함을 느꼈다.

061　**international** [ìntərnǽʃənl] a. 국제(상)의, 국제적인

English is an international language.　영어는 국제 언어이다.

062　**garage** [gərá:ʒ] n. 차고

He put the car in the garage.　그는 차를 차고 안에 두었다.

063　**frame** [freim] n. 틀, 뼈대

The frames of the window were made of wood.

그 창틀은 나무로 만들어졌다.

064　**dough** [dou] n. 가루 반죽

It is flat round piece of dough.

그것은 납작하고 둥근 가루 반죽 덩어리이다.

065　**reporter** [ripɔ́:rtər] n. 기자

The reporter interviewed the president.

그 기자는 대통령과 인터뷰를 했다.

1 영어를 우리말로 써 보세요.

1. dough _____
2. garage _____
3. frame _____
4. helpful _____
5. international _____
6. reporter _____
7. publish _____
8. positive _____

2 단어의 빠진 부분을 완성시켜 보세요.

1. 출판하다   p _ bl _ sh
2. 차고   g _ r _ g _
3. 적극적인   p _ s _ t _ v _
4. 가루 반죽   d _ _ gh
5. 도움이 되는   h _ lpf _ l
6. 기자   r _ p _ rt _ r
7. 국제의   _ nt _ rn _ t _ _ n _ l
8. 틀   fr _ m _

3 주어진 철자로 시작하는 단어로 쓰세요.

1. 차고   g _____
2. 기자   r _____
3. 국제의   i _____
4. 출판하다   p _____
5. 적극적인   p _____
6. 가루 반죽   d _____
7. 도움이 되는   h _____
8. 틀   f _____

066 **blow** [blou] v. (바람이) 불다, 바람에 날리다   [blew-blown-blowing]

It blew all through the night.   밤새도록 바람이 불었다.

067 **govern** [ɡʌ́vərn] v. 다스리다, 통치하다   [governed-governed-governing]

The king governed his people well.

왕은 자신의 백성들을 잘 다스렸다.

068 **original** [ərídʒənl] a. 원래의, 최초의, 독창적인
origin [ɔ́:rədʒin] n. 기원, 발단

Her original plan was to stay for a month.

그녀의 원래 계획은 한 달 동안 머무르는 것이었다.

I am interested in the origin of various words.

나는 다양한 단어들의 기원에 흥미가 있다.

069 **independent** [ìndipéndənt] a. (나라, 조직이) 독립한, 자치적인

Korea is an independent country.   한국은 독립 국가입니다.

070 **professional** [prəféʃənl] a. 프로의, 직업의, 전문직의

A lot of boys want to be professional game players.

많은 남자아이들이 프로 게이머가 되기 원한다.

071 **peel** [pi:l] v. 껍질을 벗기다   [peeled-peeled-peeling]

Can you peel me the orange?   오렌지 껍질 좀 벗겨 줄래?

072 **vain** [vein] a. 헛된, 무익한, 허영심 있는
vanity [vǽnəti] n. 허영심, 자만심

She is depending on a vain hope.   그녀는 헛된 희망에 의지하고 있다.
Nothing can satisfy her vanity.

아무 것도 그녀의 허영심을 만족시킬 수 없다.

073 **representative** [rèprizéntətiv] n. 대표자, 대리인 a. 대표적인, 대표의

She is the representative of the company.

그녀는 그 회사의 대표자이다.

What do you think of the Korean representative things?

한국의 대표적인 문물에 대해 어떻게 생각합니까?

Pop Quiz

1 영어를 우리말로 써 보세요.

1. independent _____
2. representative _____
3. original _____
4. govern _____
5. vain _____
6. peel _____
7. blow _____
8. professional _____

2 단어의 빠진 부분을 완성시켜 보세요.

1. 프로의　pr _ f _ ss _ _ n _ l
2. 헛된　v _ _ n
3. 독립한　_ nd _ p _ nd _ nt
4. 다스리다　g _ v _ rn
5. 대표자　r _ pr _ s _ nt _ t _ v _
6. 불다　bl _ w
7. 원래의　_ r _ g _ n _ l
8. 껍질을 벗기다　p _ _ l

3 주어진 철자로 시작하는 단어로 쓰세요.

1. 불다　b _____
2. 원래의　o _____
3. 대표자　r _____
4. 다스리다　g _____
5. 프로의　p _____
6. 껍질을 벗기다　p _____
7. 헛된　v _____
8. 독립한　i _____

074   **meadow** [médou] n. 목초지, 초원

We saw sheep grazing in the meadow.

우리는 양떼들이 목초지에서 풀을 뜯는 것을 보았다.

075   **pause** [pɔːz] v. 잠시 멈추다, 중단하다   [paused-paused-pausing]

We paused to look around the bush.

우리는 덤불 주위를 둘러보기 위해 잠시 멈췄다.

076   **entertain** [èntərtéin] v. 즐겁게 하다, 접대하다

                           [entertained-entertained-entertaining]

entertainment [èntərtéinmənt] n. 오락, 연예, 접대

The teacher always entertains students by jokes.

그 선생님은 늘 농담으로 학생들을 즐겁게 해 주신다.

You can enjoy entertainment on the first floor.

1층에서는 오락거리도 즐길 수 있습니다.

077   **exclaim** [ikskléim] v. 외치다   [exclaimed-exclaimed-exclaiming]

He exclaimed, "Are you crazy?" 그는 "너 미쳤니?"라고 외쳤다.

078   **anniversary** [æ̀nəvə́ːrsəri] n. 기념일, 기념제

We planned a party to celebrate our parents' wedding

anniversary. 우리는 부모님의 결혼기념일을 축하해 드리기 위해 파티를 계획했다.

079   **liquid** [líkwid] a. 액체의 (syn. solid)

I washed my face with liquid soap. 나는 액체 비누로 세수를 했다.

080   **inhabit** [inhǽbit] v. ~에 살다, 거주하다   [inhabited-inhabited-inhabiting]

inhabitant [inhǽbətənt] n. 주민, 거주자

A lot of hares and squirrels inhabit this forest.

많은 산토끼와 다람쥐들이 이 숲에 살고 있다.

The inhabitants of this village are usually over 65.

이 마을의 주민들은 대개 65세가 넘었다.

Pop Quiz

1 영어를 우리말로 써 보세요.

1. pause _____
2. entertain _____
3. liquid _____
4. exclaim _____
5. inhabit _____
6. anniversary _____
7. meadow _____

2 단어의 빠진 부분을 완성시켜 보세요.

1. 외치다 _ xcl _ _ m   2. 잠시 멈추다 p _ _ s _
3. ~에 살다 _ nh _ b _ t   4. 기념일 _ nn _ v _ rs _ ry
5. 즐겁게 하다 _ nt _ rt _ _ n   6. 목초지 m _ _ d _ w
7. 액체의 l _ q _ _ d

3 주어진 철자로 시작하는 단어로 쓰세요.

1. 목초지 m _____
2. 잠시 멈추다 p _____
3. 즐겁게 하다 e _____
4. 외치다 e _____
5. 기념일 a _____
6. 액체의 l _____
7. ~에 살다 i _____

081   **curve** [kə:rv]   n. 커브, 곡선

The truck is going around a curve.   트럭이 커브를 돌고 있다.

082   **endure** [indʒúər]   v. 참다, 인내하다   [endured-endured-enduring]
          endurance [indʒúərəns]   n. 인내

She thought that she couldn't endure his impolite manners.
그녀는 그의 무례한 태도를 참을 수 없다고 생각했다.
Traditionally, Koreans have amazing endurance.
전통적으로, 한국인들은 놀라운 인내심을 갖고 있다.

083   **experiment** [ikspérəmənt]   n. 실험   v. 실험하다 [ekspérəmènt]
                                      [experimented-experimented-experimenting]

The dog was sent to space as a part of the experiment.
그 개는 실험의 한 부분으로써 우주로 보내졌다.
We need to experiment the effect of the new medicine.
우리는 신약의 효과를 실험할 필요가 있습니다.

084   **partial** [pá:rʃəl]   a. 부분적인, 일부분의
          part [pɑ:rt]   n. 부분, 일부

A partial knowledge may be dangerous.
부분적인 지식은 위험할 수 있다.
It is much colder in the northern part of the building.
건물의 북쪽 부분은 훨씬 더 춥다.

085   **instance** [ínstəns]   n. 사례, 보기

Here is an instance of his honesty.
여기 그의 정직함에 대한 한 사례가 있다.

★ **for instance**   예를 들어
For instance, apples and pears are fruit.
예를 들어, 사과와 배는 과일이다.

Pop Quiz

1 영어를 우리말로 써 보세요.

1. partial _____
2. curve _____
3. endure _____
4. instance _____
5. experiment _____

2 단어의 빠진 부분을 완성시켜 보세요.

1. 커브   c _ rv _
2. 참다   _ nd _ r _
3. 실험   _ xp _ r _ m _ nt
4. 부분적인   p _ rt _ _ l
5. 사례   _ nst _ nc _

3 주어진 철자로 시작하는 단어로 쓰세요.

1. 부분적인   p _____
2. 커브   c _____
3. 참다   e _____
4. 실험   e _____
5. 사례   i _____

086 **grave** [ɡreiv] n. 무덤, 묘

He is digging his own grave.   그는 제 손으로 제 무덤을 파고 있어.

087 **pronounce** [prənáuns] v. 발음하다

[pronounced-pronounced-pronouncing]

I cannot pronounce 'z' sound well.

나는 'z'를 잘 발음하지 못한다.

088 **expressway** [ikspréswèi] n. 고속도로

How far do we need to go to take the expressway?

고속도로를 타려면 얼마나 더 가야 합니까?

089 **politician** [pàlətíʃən] n. 정치가

The politician had been in public office for 40 years.

그 정치가는 40년 동안 공직에 있었다.

090 **moderate** [mádərət] a. 절제 있는, 알맞은

You should be moderate in eating and drinking.

먹고 마시는 데 절제가 있어야만 한다.

Pop Quiz

1 영어를 우리말로 써 보세요.

1. grave　　　　　　　　_____
2. politician　　　　　　_____
3. moderate　　　　　　_____
4. pronounce　　　　　_____
5. expressway　　　　_____

2 단어의 빠진 부분을 완성시켜 보세요.

1. 정치가　　　　　　p _ l _ t _ c _ _ n
2. 무덤　　　　　　　gr _ v _
3. 고속도로　　　　　_ xpr _ ssw _ y
4. 발음하다　　　　　pr _ n _ _ nc _
5. 절제 있는　　　　　m _ d _ r _ t _

3 주어진 철자로 시작하는 단어로 쓰세요.

1. 정치가　　　　　p _____
2. 발음하다　　　　p _____
3. 무덤　　　　　　g _____
4. 절제 있는　　　　m _____
5. 고속도로　　　　e _____

VOCA Perfect

001   **bind** [baind]   v. 묶다, 둘러 감다   [bound-bound-binding]

He bound the pile of paper with a string.

그는 끈으로 종이 다발을 묶었다.

002   **contain** [kəntéin]   v. 함유하다, 포함하다 [contained-contained-containing]

This cereal contains various nutrients.

이 시리얼은 다양한 영양소를 함유하고 있다.

003   **burst** [bəːrst]   v. 폭발하다, 터지다   [burst-burst-bursting]

The news said that a huge bomb burst at the airport.

공항에서 거대한 폭탄이 터졌다고 뉴스에 나왔다.

004   **whole** [houl]   a. 모든, 전체의, 완전한

The whole family were at home that afternoon.

그날 오후에는 온 가족이 집에 있었다.

005   **indifferent** [indífərənt]   a. 무관심한, 냉담한
indifference [indífərəns]   n. 무관심

The teacher is always indifferent to her students and cares about herself.

그 선생님은 아이들에게 늘 무관심하고 자신에 대해서만 신경을 쓴다.

She was angry about her boy friend's indifference.

그녀는 남자친구의 무관심에 화가 났다.

006   **childhood** [tʃáildhùd]   n. 어린 시절

The old pictures reminded me of my childhood.

옛날 사진들은 내게 어린 시절을 생각나게 했다.

007   **novel** [návəl]   n. 소설 (*syn.* fiction)

The Japanese novels have been popular among youths.

젊은이들 사이에서 일본 소설이 인기 있다.

008   **numerous** [njúːmərəs]   a. 수많은, 다수의 (*syn.* many)

There are numerous stars in space.

우주에는 수많은 별들이 있다.

Pop Quiz

1 영어를 우리말로 써 보세요.

1. bind _____
2. numerous _____
3. childhood _____
4. burst _____
5. indifferent _____
6. whole _____
7. novel _____
8. contain _____

2 단어의 빠진 부분을 완성시켜 보세요.

1. 소설   n _ v _ l
2. 폭발하다   b _ rst
3. 모든   wh _ l _
4. 수많은   n _ m _ r _ _ s
5. 무관심한   _ nd _ ff _ r _ nt
6. 어린 시절   ch _ ldh _ _ d
7. 함유하다   c _ nt _ _ n
8. 묶다   b _ nd

3 주어진 철자로 시작하는 단어로 쓰세요.

1. 수많은   n_____
2. 소설   n_____
3. 함유하다   c_____
4. 어린 시절   c_____
5. 모든   w_____
6. 묶다   b_____
7. 폭발하다   b_____
8. 무관심한   i_____

009 **orphan** [ɔ́:rfən] n. 고아
orphanage [ɔ́:rfənidʒ] n. 고아원

She became an orphan at the age of 12.

그녀는 열두 살 나이에 고아가 되었다.

The business man donated a lot of money to the orphanage.

그 사업가는 고아원에 많은 돈을 기부했다.

010 **wool** [wul] n. 양모, 모직물

You must not wash this sweater with water. It is made of wool.

이 스웨터는 물로 세탁하면 안 돼. 양모로 만들어졌거든.

011 **process** [práses] n. 과정, 진행

We were able to observe the process of TV drama production.

우리는 TV 드라마 제작 과정을 관찰할 수 있었다.

012 **polite** [pəláit] a. 예의 바른, 공손한 (*opp.* impolite)
politeness [pəláitnis] n. 공손함

Most passengers are polite, but some are rude.

대부분의 승객들은 예의 바르지만, 몇몇은 무례합니다.

He praised her politeness.   그는 그녀의 공손함을 칭찬했다.

013 **environment** [inváiərənmənt] n. 환경
environmental [invàiərənméntl] a. 환경의

Shampoos are harmful to the environment.   샴푸는 환경에 해롭다.

The politician is interested in the environmental problems.

그 정치가는 환경 문제에 관심이 있다.

014 **dig** [dig] v. 파다, 파내다   [dug-dug-digging]

I saw my dog dig a hole.   나는 개가 구멍을 파고 있는 것을 보았다.

015 **spread** [spred] v. 펼치다, 펴다   [spread-spread-spreading]

My father spread the map on the desk.

아버지는 책상 위에 지도를 펼쳐 놓으셨다.

Pop Quiz

1 영어를 우리말로 써 보세요.

1. orphan _____
2. environment _____
3. polite _____
4. dig _____
5. wool _____
6. spread _____
7. process _____

2 단어의 빠진 부분을 완성시켜 보세요.

1. 고아원 _ rph _ n   2. 파다 d _ g
3. 양모 w _ _ l   4. 환경 _ nv _ r _ nm _ nt
5. 예의 바른 p _ l _ t _   6. 과정 pr _ c _ ss
7. 펼치다 spr _ _ d

3 주어진 철자로 시작하는 단어로 쓰세요.

1. 과정   p_____
2. 예의 바른   p_____
3. 환경   e_____
4. 양모   w_____
5. 파다   d_____
6. 고아원   o_____
7. 펼치다   s_____

016   **actually** [ǽktʃuəli] ad. 실제로 (*syn.* in fact)

Nobody knew what actually had happened to them.

그들에게 실제로 무슨 일이 일어났는지 아무도 알지 못했다.

---

017   **dizzy** [dízi] a. 현기증 나는, 어지러운

Lack of sleep may make you feel dizzy.

수면 부족은 현기증을 느끼게 할 수 있다.

---

018   **originate** [ərídʒənèit] v. 시작되다, 유래하다

[originated-originated-originating]

The disease originated in Africa. 그 질병은 아프리카에서 시작되었다.

---

019   **shepherd** [ʃépərd] n. 양치기

The shepherd raises about one hundred sheep.

그 양치기는 약 100마리의 양을 기른다.

---

020   **announce** [ənáuns] v. 발표하다, 알리다

[announced-announced-announcing]

announcement [ənáunsmənt] n. 발표, 공고

The school announced the result of the entrance examination yesterday. 학교는 어제 입학시험 결과를 발표했다.

Listen to the announcement carefully. 그 발표를 주의 깊게 들어라.

---

021   **bored** [bɔːrd] a. 따분한, 지루한
boring [bɔ́ːriŋ] a. 지루한, 지겨운

He looked bored. 그는 매우 따분해 보였다.

I had to have a boring time with him.

나는 그와 지루한 시간을 보내야만 했다.

---

022   **instead** [instéd] ad. 그 대신에

If you don't want to read that book, you can read this, instead.

네가 만약 그 책을 읽고 싶지 않다면, 그 대신에 이것을 읽을 수 있어.

★ **instead of** ~대신에, ~하지 않고

A lot of youth watch TV or play computer games instead of studying. 많은 학생들이 공부는 하지 않고, TV를 보거나 컴퓨터 게임을 한다.

1 영어를 우리말로 써 보세요.

1. actually _____
2. dizzy _____
3. originate _____
4. announce _____
5. bored _____
6. shepherd _____
7. instead _____

2 단어의 빠진 부분을 완성시켜 보세요.

1. 그 대신에   _ nst _ _ d   2. 따분한   b _ r _ d
3. 실제로   _ ct _ _ lly   4. 발표하다   _ nn _ _ nc _
5. 양치기   sh _ ph _ rd   6. 현기증 나는 d _ zzy
7. 시작되다   _ r _ g _ n _ t _

3 주어진 철자로 시작하는 단어로 쓰세요.

1. 실제로   a _____
2. 시작되다   o _____
3. 따분한   b _____
4. 그 대신에   i _____
5. 현기증 나는   d _____
6. 발표하다   a _____
7. 양치기   s _____

023 **passive** [pǽsiv] a. 소극적인, 수동적인

If you are too passive, you cannot make friends well.

너무 소극적이면, 친구들을 잘 사귈 수 없다.

024 **priceless** [práislis] a. 아주 귀중한, 값을 매길 수 없는

The documents are a priceless record about the Japanese invasion.   그 문서는 임진왜란에 대한 아주 귀중한 기록이다.

025 **citizen** [sítəzən] n. 시민, 국민

The citizens complained the high prices.

시민들은 높은 물가에 대해 불평했다.

026 **grasp** [græsp] v. 붙잡다, 움켜잡다　　　[grasped-grasped-grasping]

She grasped me by the hand.   그녀는 내 손을 붙잡았다.

027 **homesick** [hóumsìk] a. 향수병의
homesickness [hóumsìknis] n. 향수병

The student had to come back to Korea because he felt homesick.   그 학생은 향수병에 걸려서 한국으로 돌아와야만 했다.
She listened to the Korean popular songs to relieve homesickness.   그녀는 향수병을 달래기 위해 한국의 유행가를 들었다.

028 **breeze** [bri:z] n. 산들바람, 미풍

The breeze was blowing soft.   산들바람이 부드럽게 불고 있었다.

029 **conduct** [kándʌkt] v. 수행하다, 처신하다　n. 품행, 행위, 수행
　　　　　　　　　　　　　　　　　[conducted-conducted-conducting]

He was conducting an important experiment last night.

그는 어젯밤 중요한 실험을 수행하고 있었다.
The student's conduct at school was perfect.

그 학생의 학교에서의 품행은 완벽했다.

030 **lean** [li:n] v. 기대다　　　　　　　　　[leaned-leaned-leaning]

The student leaned against the wall.

그 학생은 벽에 몸을 기댔다.

Pop Quiz

1 영어를 우리말로 써 보세요.

1. conduct _____
2. citizen _____
3. lean _____
4. passive _____
5. breeze _____
6. grasp _____
7. homesick _____
8. priceless _____

2 단어의 빠진 부분을 완성시켜 보세요.

1. 소극적인   p _ ss _ v _   2. 시민   c _ t _ z _ n
3. 향수병의   h _ m _ s _ ck   4. 수행하다   c _ nd _ ct
5. 아주 귀중한   pr _ c _ l _ ss   6. 기대다   l _ _ n
7. 붙잡다   gr _ sp   8. 산들바람   br _ _ z _

3 주어진 철자로 시작하는 단어로 쓰세요.

1. 시민   c _____
2. 붙잡다   g _____
3. 기대다   l _____
4. 소극적인   p _____
5. 수행하다   c _____
6. 산들바람   b _____
7. 향수병의   h _____
8. 아주 귀중한   p _____

031 **thankful** [θǽŋkfəl] a. 감사하는, 고맙게 여기는

I'm very thankful to receive this reward.

이 상을 받게 된 것을 매우 감사하게 생각합니다.

032 **solar** [sóulər] a. 태양의

The group of scientists are interested in using the solar energy.

그 과학자 단체는 태양 에너지를 이용하는 것에 관심이 있다.

033 **lunar** [lú:nər] a. 달의, 태음(太陰)의

Our ancestors followed the lunar calendar.

우리의 조상들은 음력을 따랐다.

034 **honesty** [ánisti] n. 정직, 성실
honest [ánist] a. 정직한, 성실한

The teacher was sure of his honesty.

그 선생님은 그의 정직을 확신하고 있었다.

He is too honest that he can't deceive anybody.

그는 너무 정직해서 누구도 속일 수 없다.

035 **mystery** [místəri] n. 신비, 수수께끼

The mystery of the Pyramid always draws people's attention.

피라미드의 신비는 언제나 사람들의 주목을 끈다.

036 **aquarium** [əkwɛ́əriəm] n. 수족관, 유리 수조

I saw sharks for the first time in the aquarium.

나는 수족관에서 처음으로 상어를 보았다.

037 **staff** [stæf] n. 직원

The staffs are staying on the second floor.

직원들은 2층에 머무르고 있다.

Pop Quiz

1 영어를 우리말로 써 보세요.

1. mystery _____
2. thankful _____
3. lunar _____
4. staff _____
5. honesty _____
6. solar _____
7. aquarium _____

2 단어의 빠진 부분을 완성시켜 보세요.

1. 직원   st _ ff
2. 태양의   s _ l _ r
3. 수족관   _ q _ _ r _ _ m
4. 신비   myst _ ry
5. 달의   l _ n _ r
6. 정직   h _ n _ sty
7. 감사하는   th _ nkf _ l

3 주어진 철자로 시작하는 단어로 쓰세요.

1. 직원   s _____
2. 신비   m _____
3. 정직   h _____
4. 감사하는   t _____
5. 태양의   s _____
6. 수족관   a _____
7. 달의   l _____

038 **choose** [tʃuːz] v. 고르다, 선택하다, 결정하다 [chose-chosen-choosing]
choice [tʃɔis] n. 선택, 선택된 것

The teacher helped me choose a good electronic dictionary.
선생님은 내가 좋은 전자 사전을 고르는 것을 도와 주셨다.
My parents respected my choice to go to the high school.
우리 부모님은 그 고등학교로 가기로 한 내 선택을 존중해 주셨다.

039 **deceive** [disíːv] v. 속이다 (syn. cheat) [deceived-deceived-deceiving]
deceit [disíːt] n. 속임수, 사기

The boy always deceived his parents to get money.
그 소년은 돈을 받으려고 언제나 부모님을 속였다.
The teacher discovered his deceit easily.
선생님은 그의 속임수를 쉽게 발견했다.

040 **nod** [nɑd] v. 졸다, 고개를 끄덕이다 [nodded-nodded-nodding]

I laughed when I saw the teacher nodding.
나는 선생님이 졸고 계신 것을 보고 웃었다.

041 **stripe** [straip] n. 줄무늬, 줄
striped [straipt] a. 줄무늬가 있는

My brother bought me a nice shirt with the red stripes.
형은 나에게 빨간 줄무늬가 있는 멋진 셔츠를 사주었다.
The girl was wearing a striped shirt.
그 여자아이는 줄무늬가 있는 셔츠를 입고 있었다.

042 **consequently** [kánsəkwèntli] ad. 그 결과로서, 따라서
consequence [kánsəkwèns] n. 결과 (syn. result)

He didn't study at all. Consequently, he failed in the exam.
그는 공부를 전혀 하지 않았다. 그 결과로, 그는 시험에 불합격했다.
Everybody was afraid of the consequence of it.
모든 사람들이 그것의 결과를 두려워했다.

043 **sow** [sou] v. 씨를 뿌리다 [sowed-sowed-sowing]

Sow the seed in a warm place in March.
3월에 따뜻한 장소에 씨앗을 뿌려라.

Pop Quiz

1 영어를 우리말로 써 보세요.

1. sow _____
2. consequently _____
3. choose _____
4. stripe _____
5. nod _____
6. deceive _____

2 단어의 빠진 부분을 완성시켜 보세요.

1. 속이다   d _ c _ _ v _
2. 졸다   n _ d
3. 씨를 뿌리다   s _ w
4. 줄무늬   str _ p _
5. 그 결과로서   c _ ns _ q _ _ ntly
6. 고르다   ch _ _ s _

3 주어진 철자로 시작하는 단어로 쓰세요.

1. 줄무늬   s _____
2. 씨를 뿌리다   s _____
3. 고르다   c _____
4. 속이다   d _____
5. 그 결과로서   c _____
6. 졸다   n _____

044 **passerby** [pǽsərbài] n. 지나가는 사람, 통행인

There was no passerby on the street.

거리에는 지나가는 사람이 전혀 없었다.

045 **faint** [feint] a. 희미한, 어렴풋한, 어질어질한 v. 기절하다

[fainted-fainted-fainting]

His family depended on a faint hope that he would come back safely.   그의 가족은 그가 무사히 돌아올 것이라는 희미한 희망에 의존했다.

The student fainted suddenly.   그 학생은 갑자기 기절했다.

046 **hollow** [hálou] a. 속이 빈, 움푹 들어간

There was a hollow tree in the garden.

그 정원에는 속이 텅 빈 나무가 있다.

047 **maze** [meiz] n. 미로, 미궁

Many thieves were kept in the maze of the Pyramid.

많은 도둑들이 피라미드의 미로에 갇혔다.

048 **challenge** [tʃǽlindʒ] n. 도전, 해볼 만한 일

The new government's first challenge is the economic problem.

새로운 정부의 첫 번째 도전은 경제 문제이다.

049 **industrious** [indʌ́striəs] a. 근면한, 부지런한 (syn. diligent)

The Korean workers are very industrious.

한국의 일꾼들은 매우 근면하다.

050 **invade** [invéid] v. 침략하다, 침입하다   [invaded-invaded-invading]
invasion [invéiʒən] n. 침입, 침략

Japan invaded Chosun in 1592.   1592년 일본은 조선을 침략했다.

He protected Chosun against a Japanese invasion.

그는 일본의 침입으로부터 조선을 지켰다.

051 **instruction** [instrʌ́kʃən] n. 교훈, 가르침, 지시

What is the instruction of this fable?

이 우화의 교훈은 무엇입니까?

Pop Quiz

1 영어를 우리말로 써 보세요.

1. industrious _____
2. hollow _____
3. instruction _____
4. invade _____
5. challenge _____
6. maze _____
7. faint _____
8. passerby _____

2 단어의 빠진 부분을 완성시켜 보세요.

1. 근면한 _ nd _ str _ _ _ s
2. 희미한 f _ _ nt
3. 도전 ch _ ll _ ng _
4. 침략하다 _ nv _ d _
5. 교훈 _ nstr _ ct _ _ n
6. 속이 빈 h _ ll _ w
7. 지나가는 사람 p _ ss _ rby
8. 미로 m _ z _

3 주어진 철자로 시작하는 단어로 쓰세요.

1. 침략하다 i _____
2. 교훈 i _____
3. 도전 c _____
4. 미로 m _____
5. 희미한 f _____
6. 근면한 i _____
7. 지나가는 사람 p _____
8. 속이 빈 h _____

052 **panic** [pǽnik] n. 공포, 공황

The news of the accident caused a great panic among people.

그 사고 소식은 사람들 사이에 커다란 공포를 일으켰다.

053 **dawn** [dɔːn] n. 새벽, 여명

In summer dawn comes early.   여름에는 새벽이 일찍 온다.

054 **disgusting** [disgʌ́stiŋ] a. 역겨운, 메스꺼운

The liquid in the bottle smells disgusting.

병 속에 든 액체에서 역겨운 냄새가 난다.

055 **nausea** [nɔ́ːziə] n. 메스꺼움, 욕지기

I felt nausea when I smelled it.

그 냄새를 맡았을 때 나는 메스꺼움을 느꼈다.

056 **shape** [ʃeip] n. 모양, 형태 (syn. figure)

The mirror has a round shape.   그 거울은 둥근 모양을 하고 있다.

★ **in good shape** 몸매가 좋은, 몸 상태가 좋은

She works out every day to be in good shape.

그녀는 몸매가 좋아지기 위해 매일 운동을 한다.

057 **attempt** [ətémpt] v. 시도하다 (syn. try)

[attempted-attempted-attempting]

We attempted to solve the difficult math problem.

우리는 그 어려운 수학 문제를 풀어보려고 했다.

058 **discourage** [diskə́ːridʒ] v. ~의 용기를 잃게 하다, 낙담시키다

[discouraged-discouraged-discouraging]

The news discouraged students to study hard.

그 소식은 학생들로 하여금 공부할 용기를 잃게 했다.

059 **brilliant** [bríljənt] a. 빛나는, 눈부신, 훌륭한

The wooden box was full of brilliant diamonds.

그 나무 상자는 빛나는 보석들로 가득 차 있었다.

Pop Quiz

1 영어를 우리말로 써 보세요.

1. shape _____
2. dawn _____
3. panic _____
4. nausea _____
5. disgusting _____
6. discourage _____
7. brilliant _____
8. attempt _____

2 단어의 빠진 부분을 완성시켜 보세요.

1. 메스꺼움 n _ _ s _ _
2. 새벽 d _ wn
3. 빛나는 br _ ll _ _ nt
4. 모양 sh _ p _
5. 시도하다 _ tt _ mpt
6. 공포 p _ n _ c
7. 역겨운 d _ sg _ st _ ng
8. ~의 용기를 잃게 하다 d _ sc _ _ r _ g _

3 주어진 철자로 시작하는 단어로 쓰세요.

1. 공포 p_____
2. 모양 s_____
3. 빛나는 b_____
4. ~의 용기를 잃게 하다 d_____
5. 역겨운 d_____
6. 메스꺼움 n_____
7. 시도하다 a_____
8. 새벽 d_____

060 **cave** [keiv] n. 동굴, 굴
The fifteen boys decided to stay in the cave.
열다섯 명의 소년들은 동굴 안에서 머물기로 결정했다.

061 **stimulate** [stímjulèit] v. 자극하다　[stimulated-stimulated-stimulating]
You should be careful not to stimulate him.
그를 자극하지 않도록 조심해야만 해.

062 **diameter** [daiǽmətər] n. 지름, 직경
How can we measure the diameter of the Earth?
지구의 지름은 어떻게 잴 수 있을까?

063 **compulsory** [kəmpʌ́lsəri] a. 필수의, 의무의, 강제적인
English is a compulsory subject to get into college.
영어는 대학에 가기 위한 필수 과목이다.

064 **oath** [ouθ] n. 선서, 서약, 맹세
First, we will take an oath.　우선, 우리는 선서를 할 것입니다.

065 **involve** [invɑ́lv] v. 말려들게 하다, 포함하다, 관계시키다
[involved-involved-involving]
Don't involve me in your quarrels.
나를 너희 싸움에 말려들게 하지 마.

066 **completely** [kəmplí:tli] ad. 완전히
After the scandal, the singer was completely forgotten among people.　그 스캔들 이후, 그 가수는 사람들 사이에서 완전히 잊혀졌다.

067 **lucky** [lʌ́ki] a. 운이 좋은, 행운의 (*syn.* fortunate)
luck [lʌk] n. 행운, 운
I am very lucky to take a trip to Japan with you.
너와 함께 일본 여행을 하다니 나는 운이 정말 좋아.
Good luck to you!　행운을 빌어!

Pop Quiz

1 영어를 우리말로 써 보세요.

1. cave   _____
2. completely   _____
3. compulsory   _____
4. oath   _____
5. involve   _____
6. stimulate   _____
7. lucky   _____
8. diameter   _____

2 단어의 빠진 부분을 완성시켜 보세요.

1. 운이 좋은   l _ cky
2. 지름   d _ _ m _ t _ r
3. 말려들게 하다   _ nv _ lv _
4. 자극하다   st _ m _ l _ t _
5. 완전히   c _ mpl _ t _ ly
6. 선서   _ _ th
7. 동굴   c _ v _
8. 필수의   c _ mp _ ls _ ry

3 주어진 철자로 시작하는 단어로 쓰세요.

1. 말려들게 하다   i _____
2. 완전히   c _____
3. 지름   d _____
4. 자극하다   s _____
5. 선서   o _____
6. 동굴   c _____
7. 필수의   c _____
8. 운이 좋은   l _____

068 **selfish** [sélfiʃ] a. 이기적인, 자기 본위의

He always says, "People has become too selfish nowadays."

그는 언제나 "사람들이 요즘 너무 이기적이야."라고 말한다.

069 **research** [risə́ːrtʃ] n. 연구, 조사

According to the research, a lot of students are suffering from lack of sleep. 연구에 따르면, 많은 학생들이 수면 부족에 시달리고 있다.

070 **curse** [kəːrs] n. 저주, 악담

Everybody was afraid of the curse of the Pharaoh.

모든 사람들은 파라오의 저주를 두려워했다.

071 **snap** [snæp] v. 스냅 사진을 찍다, 잡아채다

[snapped-snapped-snapping]

The teacher likes to snap pictures of her students.

그 선생님은 학생들의 사진을 찍는 것을 좋아한다.

072 **symbolize** [símbəlàiz] v. 상징하다 [symbolized-symbolized-symbolizing]

In Korea, China, and Japan, the number '4' symbolizes death and disaster. 한국, 중국, 일본에서는 숫자 '4'는 죽음과 재난을 상징한다.

073 **calculator** [kǽlkjulèitər] n. 계산기

You can solve the math problem very easily with this calculator.

이 계산기로 수학 문제를 매우 쉽게 풀 수 있다.

074 **strict** [strikt] a. 엄격한, 꼼꼼한

The teachers are usually kind to students, but sometimes they are very strict. 선생님들은 대개는 학생들에게 친절하지만, 가끔은 매우 엄격하다

075 **total** [tóutl] a. 전부의, 총계의, 완전한
totally [tóutəli] ad. 완전히, 아주

The total number of the students in this school is two thousand.

이 학교 학생들의 총합은 2000명이다.

A mouse is totally different from a rat.

생쥐는 쥐와 완전히 다르다.

1 영어를 우리말로 써 보세요.

1. selfish _____
2. strict _____
3. calculator _____
4. total _____
5. research _____
6. snap _____
7. curse _____
8. symbolize _____

2 단어의 빠진 부분을 완성시켜 보세요.

1. 전부의 t _ t _ l
2. 연구 r _ s _ _ rch
3. 엄격한 str _ ct
4. 저주 c _ rs _
5. 스냅 사진을 찍다 sn _ p
6. 계산기 c _ lc _ l _ t _ r
7. 이기적인 s _ lf _ sh
8. 상징하다 symb _ l _ z _

3 주어진 철자로 시작하는 단어로 쓰세요.

1. 저주 c _____
2. 연구 r _____
3. 계산기 c _____
4. 스냅 사진을 찍다 s _____
5. 상징하다 s _____
6. 전부의 t _____
7. 이기적인 s _____
8. 엄격힌 s _____

076 **defend** [difénd] v. 방어하다 [defended-defended-defending]

The citizens are fighting against the enemy to defend themselves. 시민들은 자신을 방어하기 위해 적에 맞서 싸우고 있다.

077 **gasp** [gæsp] v. 헐떡대다, 숨이 막히다 [gasped-gasped-gasping]

He was sitting on the ground, gasping.
그는 숨을 헐떡대며 땅바닥에 앉아 있었다.

078 **mechanic** [məkǽnik] n. 정비사, 수리공
mechanical [məkǽnikəl] a. 기계적인, 기계의

The mechanic examined the engine of the car.
정비사는 차의 엔진을 점검했다.
There have been some mechanical problems in the ship.
배에 기계적인 문제가 좀 있다.

079 **fiction** [fíkʃən] n. 소설

I like fantasy fictions. 나는 판타지 소설을 좋아한다.

080 **collide** [kəláid] v. 충돌하다, 부딪치다 [collided-collided-colliding]
collision [kəlíʒən] n. 충돌

The two boys collided hard and one of them got wounded.
그 두 남자 아이는 심하게 부딪쳐서, 그 중 한명이 다쳤다.
Her car was destroyed completely in a collision.
충돌 사고로 그녀의 차는 완전히 부서졌다.

081 **tribe** [traib] n. 종족, 부족

There are a lot of different tribes in Africa.
아프리카에는 많은 다른 종족들이 있다.

082 **destroy** [distrɔ́i] v. 파괴하다 [destroyed-destroyed-destroying]
destruction [distrʌ́kʃən] n. 파괴

The heavy rain destroyed the road completely.
폭우는 도로를 완전히 파괴해 버렸다.
They are worried about the destruction of the forest.
그들은 숲의 파괴를 걱정한다.

Pop Quiz

1 영어를 우리말로 써 보세요.

1. gasp　　　_____
2. destroy　 _____
3. mechanic　_____
4. collide　　_____
5. defend　　_____
6. fiction　　_____
7. tribe　　　_____

2 단어의 빠진 부분을 완성시켜 보세요.

1. 정비사　　m _ ch _ n _ c　　　2. 방어하다　d _ f _ nd
3. 소설　　　f _ ct _ _ n　　　　 4. 종족　　　tr _ b _
5. 헐떡대다　g _ sp　　　　　　　6. 파괴하다　d _ str _ y
7. 충돌하다　c _ ll _ d _

3 주어진 철자로 시작하는 단어로 쓰세요.

1. 종족　　　　t _____
2. 방어하다　　d _____
3. 파괴　　　　d _____
4. 헐떡대다　　g _____
5. 정비사　　　m _____
6. 소설　　　　f _____
7. 충돌하다　　c _____

083 **assign** [əsáin] v. 할당하다, 임명하다, 지정하다

[assigned-assigned-assigning]

assignment [əsáinmənt] n. 숙제, 할당, 임명

One of my friends assigned the best seats for us.
친구 중 하나가 우리를 위해 가장 좋은 좌석을 할당해 주었다.
The history teacher always gives us a lot of assignments.
역사 선생님은 우리에게 언제나 많은 숙제를 내주신다.

084 **abundant** [əbʌ́ndənt] a. 풍부한, 많은

The world's most abundant food source is a kind of shrimp,
krill. 세계의 가장 풍부한 식량원은 새우의 일종인 크릴이다.

085 **gravity** [grǽvəti] n. 중력

Newton thought of the law of gravity.
뉴턴은 중력의 법칙을 생각해냈다.

086 **ditch** [ditʃ] n. 도랑, 수로

My dog fell into a ditch. 개가 도랑에 빠지고 말았다.

087 **needy** [ní:di] a. 몹시 가난한, 극빈한

His family was needy when he was born.
그가 태어났을 때 그의 가족은 몹시 가난했었다.

088 **rank** [ræŋk] v. 정렬시키다, 분류하다, 등급을 매기다 n. 등급, 계급

[ranked-ranked-ranking]

The teacher ranked the students according to their heights.
선생님은 학생들을 키에 따라 정렬시켰다.
His English ability was in the first rank. 그의 영어 실력은 1등급이다.

089 **motto** [mátou] n. 좌우명, 표어, 모토

What is your motto? 너의 좌우명은 뭐야?

1 영어를 우리말로 써 보세요.

1. motto _____
2. ditch _____
3. rank _____
4. needy _____
5. assign _____
6. abundant _____
7. gravity _____

2 단어의 빠진 부분을 완성시켜 보세요.

1. 할당하다 _ ss _ gn
2. 풍부한 _ b _ nd _ nt
3. 중력 gr _ v _ ty
4. 도랑 d _ tch
5. 몹시 가난한 n _ _ dy
6. 정렬시키다 r _ nk
7. 좌우명 m _ tt _

3 주어진 철자로 시작하는 단어로 쓰세요.

1. 할당하다 a _____
2. 좌우명 m _____
3. 도랑 d _____
4. 중력 g _____
5. 몹시 가난한 n _____
6. 정렬시키다 r _____
7. 풍부한 a _____

Memo

Lesson

11

VOCA Perfect

001 **beat** [biːt] v. 두드리다, 치다, 이기다 [beat-beat-beating]

The baby beat the plastic plate with her spoon.

아기가 스푼으로 플라스틱 접시를 두드렸다.

002 **steal** [stiːl] v. 훔치다 [stole-stolen-stealing]

Some students steal other students' textbooks.

어떤 학생들은 다른 학생들의 교과서를 훔친다.

003 **broadcast** [brɔ́ːdkæst] v. 방송하다 [broadcast-broadcast-broadcasting]

The concert will be broadcast on Friday.

콘서트는 금요일에 방송될 것이다.

004 **threat** [θret] n. 위협, 협박
threaten [θrétn] v. 위협하다 [threatened-threatened-threatening]

Humans are a threat to sharks all over the world.

인간들은 전 세계에서 상어에게 위협이 되고 있다.

The bully threatened me to take all the money out.

그 깡패는 나한테 돈을 모두 내놓으라고 위협했다.

005 **furniture** [fə́ːrnitʃər] n. 가구

There were only a few furniture in the room.

방 안에는 가구가 몇 개 없었다.

006 **ethical** [éθikəl] a. 윤리적인, 도덕상의
ethics [éθiks] n. 윤리학, 윤리

Human cloning may cause a lot of ethical problems.

인간 복제는 많은 윤리적 문제를 일으킬지도 모른다.

What is the role of ethics in the modern society?

현대 사회에서 윤리학의 역할은 무엇일까?

Pop Quiz

1 영어를 우리말로 써 보세요.

1. ethical   _____
2. steal   _____
3. threat   _____
4. broadcast   _____
5. furniture   _____
6. beat   _____

2 단어의 빠진 부분을 완성시켜 보세요.

1. 윤리적인   _ th _ c _ l
2. 가구   f _ rn _ t _ r _
3. 방송하다   br _ _ dc _ st
4. 위협   thr _ _ t
5. 훔치다   st _ _ l
6. 두드리다   b _ _ t

3 주어진 철자로 시작하는 단어로 쓰세요.

1. 방송하다   b _____
2. 두드리다   b _____
3. 훔치다   s _____
4. 가구   f _____
5. 위협   t _____
6. 윤리적인   e _____

007 **weaken** [wíːkən] v. 약화시키다   [weakened-weakened-weakening]

weak [wiːk] a. 약한

Playing computer games too much will weaken your muscles.

컴퓨터 게임을 너무 많이 하는 것은 네 근육을 약화시킬 것이다.

As I am weak, I am always anxious about my health.

나는 몸이 약해서, 내 건강에 대해서 항상 걱정을 한다.

---

008 **stomach** [stʌ́mək] n. 배, 복부, 위

After drinking the water in the bottle, I suffered from a stomach trouble.   병 안에 든 물을 마신 후, 나는 배탈로 고생했다.

---

009 **astronaut** [ǽstrənɔ̀ːt] n. 우주비행사

astronomy [əstrʌ́nəmi] n. 천문학

One of them will be selected as the first Korean astronaut.

그들 중 한 명이 최초의 한국인 우주비행사로 선택될 것이다.

She wants to major in astronomy in college.

그녀는 대학에서 천문학을 전공하고 싶어한다.

---

010 **anthem** [ǽnθəm] n. 축가, 찬송가

We sang the national anthem at the beginning of the ceremony.

우리는 기념식이 시작될 때 애국가를 불렀다.

---

011 **recognize** [rékəgnàiz] v. 알아보다, 인정하다

[recognized-recognized-recognizing]

recognition [rèkəgníʃən] n. 인식, 인정

She easily recognized me among a lot of students.

그녀는 많은 학생들 가운데 나를 쉽게 알아보았다.

The scientist is interested in voice recognition technology.

그 과학자는 음성 인식 기술에 관심이 있다.

---

012 **cast** [kæst] v. 던지다 (*syn.* throw), 역을 배정하다   [cast-cast-casting]

The tree cast a long shadow into my room.

나무는 내 방으로 긴 그림자를 던졌다.

Pop Quiz

1 영어를 우리말로 써 보세요.

1. astronaut _____
2. recognize _____
3. weaken _____
4. anthem _____
5. stomach _____
6. cast _____

2 단어의 빠진 부분을 완성시켜 보세요.

1. 약화시키다   w _ _ k _ n
2. 배   st _ m _ ch
3. 우주비행사   _ str _ n _ _ t
4. 축가   _ nth _ m
5. 알아보다   r _ c _ gn _ z _
6. 던지다   c _ st

3 주어진 철자로 시작하는 단어로 쓰세요.

1. 알아보다   r_____
2. 약화시키다   w_____
3. 축가   a_____
4. 배   s_____
5. 던지다   c_____
6. 우주비행사   a_____

013 **barren** [bǽrən] a. 메마른, 불모의

After most people left, the land became barren.

대부분의 사람들이 떠난 후, 땅은 메마르게 되었다.

014 **quality** [kwáləti] n. 질, 특성

Quality is more important than quantity. 양보다는 질이 중요하다.

015 **quantity** [kwántəti] n. 양, 수량

The food of this restaurant is very good in quality and in quantity. 이 레스토랑의 음식은 질적으로나 양적으로나 아주 좋다.

016 **species** [spíːʃiːz] n. 종(種)

Recently, many species of animals have been disappearing.

최근에 많은 종의 동물들이 사라지고 있다.

017 **bulletin** [búlətin] n. 게시, 고시, 뉴스 속보

The teacher put the list on the bulletin board.

선생님은 명단을 게시판에 붙이셨다.

018 **forehead** [fɔ́ːrid] n. 이마

She has a scar on her forehead. 그녀는 이마에 흉터를 갖고 있다.

019 **hide** [haid] v. 감추다, 숨기다 [hid-hid-hiding]

I always hide my CDs under my bed.

나는 언제나 내 CD들을 침대 밑에 감춘다.

020 **consume** [kənsúːm] v. 소비하다, 낭비하다 (*syn.* waste)

[consumed–consumed–consuming]

consumption [kənsʌ́mpʃən] n. 소비, 소비량

We are consuming too much paper everyday.

우리는 매일 너무 많은 종이를 쓰고 있다.

In summer, the consumption of electricity increases a lot.

여름에는 전기의 소비가 많이 증가한다.

Pop Quiz

1 영어를 우리말로 써 보세요.

1. hide   _____
2. species   _____
3. forehead   _____
4. quantity   _____
5. barren   _____
6. quality   _____
7. consume   _____
8. bulletin   _____

2 단어의 빠진 부분을 완성시켜 보세요.

1. 종(種)   sp _ c _ _ s
2. 게시   b _ ll _ t _ n
3. 소비하다   c _ ns _ m _
4. 양   q _ _ nt _ ty
5. 질   q _ _ l _ ty
6. 감추다   h _ d _
7. 메마른   b _ rr _ n
8. 이마   f _ r _ h _ _ d

3 주어진 철자로 시작하는 단어로 쓰세요.

1. 양   q_____
2. 게시   b_____
3. 메마른   b_____
4. 이마   f_____
5. 소비하다   c_____
6. 종(種)   s_____
7. 질   q_____
8. 감추다   h_____

021   **neat** [niːt]   a. 단정한, 산뜻한, 솜씨 좋은

She always looks neat and clean.

그녀는 언제나 단정하고 깔끔해 보인다.

---

022   **benefit** [bénəfìt]   n. 이득, 이익, 자선공연

We received a lot of benefit from his teaching.

우리는 그의 가르침에서 많은 이득을 얻었다.

---

023   **discount** [dískaunt]   v. 할인하다, 에누리해서 듣다

[discounted-discounted-discounting]

They discount children's books at 10% discount in the bookstore.   그 서점에서는 아동 서적을 10% 할인해주고 있다.

---

024   **hunt** [hʌnt]   v. 사냥하다   [hunted-hunted-hunting]

Sharks do not usually hunt people.

상어는 보통 사람들을 사냥하지 않는다.

---

025   **professor** [prəfésər]   n. 교수

The professor recommended the book.

교수님이 그 책을 추천해주셨다.

---

026   **bleed** [bliːd]   v. 피가 나다, 출혈하다   [bled-bled-bleeding]
          blood [blʌd]   n. 피

My sister bleeds at the nose every morning.

내 여동생은 아침마다 코피가 난다.

She may die because she lost a lot of blood.

피를 너무 많이 흘려서 그녀는 죽을 지도 모른다.

---

027   **sniff** [snif]   v. 냄새 맡다, 코를 킁킁거리다   [sniffed-sniffed-sniffing]

The dog started sniffing around as soon as it entered my house.

그 개는 내 집에 들어오자마자 냄새를 맡으며 돌아다니기 시작했다.

---

028   **bullet** [búlit]   n. 총탄, 탄환

As soon as he got out of the car, he was hit by a bullet.

그가 차에서 내리자마자, 그는 총탄에 맞았다.

Pop Quiz

1 영어를 우리말로 써 보세요.

1. bullet _____
2. benefit _____
3. discount _____
4. hunt _____
5. neat _____
6. professor _____
7. bleed _____
8. sniff _____

2 단어의 빠진 부분을 완성시켜 보세요.

1. 피가 나다   bl _ _ d   2. 교수   pr _ f _ ss _ r
3. 할인하다   d _ sc _ _ nt   4. 이득   b _ n _ f _ t
5. 사냥하다   h _ nt   6. 단정한   n _ _ t
7. 총탄   b _ ll _ t   8. 냄새 맡다   sn _ ff

3 주어진 철자로 시작하는 단어로 쓰세요.

1. 냄새 맡다   s _____
2. 교수   p _____
3. 사냥하다   h _____
4. 할인하다   d _____
5. 이득   b _____
6. 피가 나다   b _____
7. 총탄   b _____
8. 단정한   n _____

029 **prevent** [privént] v. 막다, 예방하다 [prevented-prevented-preventing]
prevention [privénʃən] n. 예방, 방해

You can prevent accidents by cleaning the snow in front of your house. 집 앞의 눈을 치움으로써 사고를 막을 수 있다.
You have to wash your hands often for prevention of disease.
질병 예방을 위해 손을 자주 씻어야만 한다.

030 **gain** [gein] v. (체중이) 늘다, 얻다, 획득하다 [gained-gained-gaining]

I gained a lot of weight during the winter vacation.
겨울 방학 동안 몸무게가 많이 늘었다.

031 **contest** [kántest] n. 대회, 경쟁, 논쟁

I am going to take part in the English speech contest.
나는 영어 말하기 대회에 참가하려고 해.

032 **career** [kəríər] n. 경력, 직업

She began her career as a teacher at a small middle school.
그녀는 조그마한 중학교에서 교사로서의 경력을 시작했다.

033 **drag** [dræg] v. 질질 끌고 가다, 끌다 [dragged-dragged-dragging]

I had to drag my little brother to home.
나는 어린 동생을 질질 끌고서 집에 와야만 했다.

034 **rhythm** [ríðm] n. 리듬, 율동

We danced to the cheerful rhythm.
우리는 흥겨운 리듬에 맞춰 춤을 추었다.

035 **appeal** [əpíːl] v. 간청하다, 애원하다, 호소하다
[appealed-appealed-appealing]

They appealed to him for forgiveness, but he wouldn't listen.
그들은 그에게 용서를 빌었지만, 그는 들으려 하지 않았다.

036 **geometry** [dʒiːámətri] n. 기하학

I am not good at geometry. 나는 기하학을 잘 하지 못한다.

Pop Quiz

1 영어를 우리말로 써 보세요.

1. rhythm _____
2. gain _____
3. prevent _____
4. drag _____
5. contest _____
6. appeal _____
7. geometry _____
8. career _____

2 단어의 빠진 부분을 완성시켜 보세요.

1. (체중이) 늘다　g _ _ n
2. 간청하다　_ pp _ _ l
3. 질질 끌고 가다　dr _ g
4. 경력　c _ r _ _ r
5. 대회　c _ nt _ st
6. 막다　pr _ v _ nt
7. 기하학　g _ _ m _ try
8. 리듬　rh _ th _

3 주어진 철자로 시작하는 단어로 쓰세요.

1. 리듬　r_____
2. (체중이) 늘다　g_____
3. 기하학　g_____
4. 질질 끌고 가다　d_____
5. 간청하다　a_____
6. 대회　c_____
7. 경력　c_____
8. 막다　p_____

037   **symptom** [símptəm]   n. 증상, 징후, 전조
One of the most common symptoms of the disease is high fever.
그 병의 가장 흔한 증상 중 하나는 높은 열이다.

038   **apologize** [əpálədʒàiz]   v. 사과하다 [apologized-apologized-apologizing]
You have to apologize to her for your impolite behavior.
네 무례한 행동에 대해 넌 그 여자에게 사과해야만 해.

039   **ordinary** [ɔ́:rdənèri]   a. 보통의, 평범한
She writes stories about ordinary people.
그녀는 보통 사람들에 대한 이야기를 쓴다.

040   **primary** [práimèri]   a. 첫째의, 제1위의
To most high school students, it is the primary goal to get into
a good college.
대부분의 고등학생들에게는 좋은 대학에 들어가는 것이 첫째의 목표이다.

041   **flash** [flæʃ]   n. 번쩍임, 섬광
The child was scared at the flash of lightning.
그 어린아이는 번개의 번쩍임에 깜짝 놀랐다.

042   **risk** [risk]   n. 위험, 모험
There is a risk of hurting yourself while climbing the mountain.
그 산을 오르는 동안 다칠 위험이 있다.

043   **expedition** [èkspədíʃən]   n. 원정, 여행
He went on an expedition to the South Pole.
그는 남극을 향해 원정을 떠났다.

044   **equator** [ikwéitər]   n. 적도
It is extremely hot around the equator.   적도 부근은 매우 덥다.

1 영어를 우리말로 써 보세요.

1. primary _____
2. equator _____
3. flash _____
4. symptom _____
5. expedition _____
6. ordinary _____
7. apologize _____
8. risk _____

2 단어의 빠진 부분을 완성시켜 보세요.

1. 첫째의 pr _ m _ ry
2. 원정 _ xp _ d _ t _ _ n
3. 사과하다 _ p _ l _ g _ z _
4. 적도 _ q _ _ t _ r
5. 위험 r _ sk
6. 보통의 _ rd _ n _ ry
7. 증상 sympt _ m
8. 번쩍임 fl _ sh

3 주어진 철자로 시작하는 단어로 쓰세요.

1. 증상 s_____
2. 첫째의 p_____
3. 보통의 o_____
4. 적도 e_____
5. 위험 r_____
6. 원정 e_____
7. 사과하다 a_____
8. 번쩍임 f_____

045   **inspire** [inspáiə*r*]   v. 영감을 주다, 격려하다

[inspired-inspired-inspiring]

The great success of the movie inspired a lot of youths.

그 영화의 큰 성공이 많은 젊은이들에게 영감을 주었다.

046   **membership** [mémbə*r*ʃìp]   n. 회원, 회원 자격

I forgot to bring my membership card.

나는 회원 카드를 갖고 오는 걸 잊어버렸다.

047   **tomb** [tuːm]   n. 무덤, 묘

The pyramids are thought to be tombs of the Egyptian kings.

피라미드는 이집트 왕들의 무덤으로 추정된다.

048   **grab** [græb]   v. 꽉 잡다, 움켜잡다   [grabbed-grabbed-grabbing]

The boy grabbed the girl by the hand.

소년은 소녀의 손을 꽉 잡았다.

049   **period** [píəriəd]   n. 기간, 시기

The midterm exam period last 4 days.

중간고사 기간은 4일간 계속된다.

050   **bury** [béri]   v. 묻다, 매장하다   [buried-buried-burying]

We buried the time capsule right under the tree.

우리는 타임캡슐을 나무 바로 밑에 묻었다.

051   **character** [kǽriktə*r*]   n. 성격, 특성, 등장인물

In old days, people believed that the shape of body could show one's character.

옛날에 사람들은 몸의 형태가 사람의 성격을 보여준다고 믿었다.

Pop Quiz

1 영어를 우리말로 써 보세요.

1. inspire _____
2. period _____
3. character _____
4. bury _____
5. tomb _____
6. grab _____
7. membership _____

2 단어의 빠진 부분을 완성시켜 보세요.

1. 성격   ch _ r _ ct _ r   2. 꽉 잡다   gr _ b
3. 영감을 주다   _ nsp _ r _   4. 기간   p _ r _ _ d
5. 무덤   t _ mb   6. 회원   m _ mb _ rsh _ p
7. 묻다   b _ ry

3 주어진 철자로 시작하는 단어로 쓰세요.

1. 회원   m _____
2. 무덤   t _____
3. 꽉 잡다   g _____
4. 성격   c _____
5. 기간   p _____
6. 영감을 주다   i _____
7. 묻다   b _____

052　**frank** [fræŋk] a. 솔직한, 숨김없는
　　　frankly [frǽŋkli] ad. 솔직하게

The teacher is not frank with me about the problem.
선생님은 그 문제에 대해 내게 전혀 솔직하지 않다.
Frankly speaking, I don't like the homeroom teacher.
솔직히 말하면, 나는 담임선생님을 좋아하지 않아.

053　**commercial** [kəmə́:rʃəl] a. 상업의, 상업적인 n. 광고(상업) 방송

There are a lot of tall buildings in the commercial area.
상업 지역에는 높은 건물들이 많이 있다.
I am sick and tired of a lot of commercials.
나는 너무 많은 광고 방송에 진절머리가 난다.

054　**scarcely** [skέərsli] ad. 거의 ~않다 (syn. hardly)

Since September, he scarcely comes to school.
9월 이후에 그는 학교에 거의 오지 않는다.

055　**court** [kɔːrt] n. 안마당, 경기장, 법정

There are many trees in the court.　안마당에는 많은 나무들이 있다.

056　**revenge** [rivéndʒ] n. 복수

The boys wanted to take revenge on the bully.
소년들은 그 깡패에게 복수하길 원했다.

057　**lottery** [látəri] n. 복권 뽑기, 제비뽑기

The poor man won in the lottery and became rich.
그 가난한 남자는 복권에 당첨되었고, 부자가 되었다.

058　**disturb** [distə́:rb] v. 방해하다, (마음을) 어지럽히다
　　　　　　　　　　　　　　　　　　[disturbed-disturbed-disturbing]
　　　disturbance [distə́:rbəns] n. 소동, 소란, 방해

Turn off your cell phone not to disturb others.
다른 사람을 방해하지 않도록 휴대폰을 끄세요.
The wicked boy made a disturbance intentionally.
그 사악한 남자아이는 일부러 소동을 일으켰다.

Pop Quiz

1 영어를 우리말로 써 보세요.

1. scarcely _____
2. revenge _____
3. frank _____
4. court _____
5. disturb _____
6. lottery _____
7. commercial _____

2 단어의 빠진 부분을 완성시켜 보세요.

1. 안마당　　c _ _ rt　　　　2. 복수　　r _ v _ ng _
3. 방해하다　d _ st _ rb　　　4. 솔직한　fr _ nk
5. 복권 뽑기　l _ tt _ ry　　　6. 상업의　c _ mm _ rc _ _ l
7. 거의 ~않다　sc _ rc _ ly

3 주어진 철자로 시작하는 단어로 쓰세요.

1. 상업의　　　c _____
2. 방해하다　　d _____
3. 거의 ~않다　s _____
4. 복수　　　　r _____
5. 안마당　　　c _____
6. 솔직한　　　f _____
7. 복권 뽑기　　l _____

059 **annoy** [ənɔ́i] v. 화나게 하다, 성가시게 굴다 [annoyed-annoyed-annoying]
annoyance [ənɔ́iəns] n. 성가심, 불쾌감
I believe that the teacher is annoying me intentionally.
나는 선생님이 일부러 나를 화나게 하고 있다고 믿는다.
To my annoyance, my mother is always nagging me.
성가시게도, 우리 어머니는 언제나 내게 잔소리만 하신다.

060 **pattern** [pǽtərn] n. 무늬, 양식, 패턴
I like the wallpaper patterns of this room.
나는 이 방의 벽지 무늬가 마음에 든다.

061 **entire** [intáiər] a. 전체의 (syn. whole), 완전한
entirely [intáiərli] ad. 완전히, 아주
The entire students cannot enter the gym.
학생 전원이 체육관에 들어갈 수는 없다.
I admit it was entirely my fault.
나는 그것이 완전히 내 실수였음을 인정한다.

062 **hostile** [hástl] a. 적대하는, 적의가 있는
hostility [hastíləti] n. 적의, 적개심
She has some hostile feeling toward the homeroom teacher.
그녀는 담임선생님에 대해 적대하는 감정을 갖고 있다.
The man showed hostility toward the police officers.
그 남자는 경찰들을 향해 적의를 드러냈다.

063 **durable** [djúərəbl] a. 오래 견디는, 튼튼한
The jeans were very popular among workers because they were
durable. 청바지는 내구력이 있었기 때문에 일꾼들 사이에서 매우 인기가 있었다.

064 **dye** [dai] v. 염색하다 [dyed-dyed-dying]
A lot of students dyed their hair during the winter vacation.
많은 학생들이 겨울 방학 동안 머리를 염색했다.

065 **issue** [íʃuː] n. 논쟁점, 논쟁, 발행물
We'll talk about the issue today.
우리는 오늘 그 논쟁점에 대해 이야기할 것입니다.

1 영어를 우리말로 써 보세요.

1. pattern _____
2. hostile _____
3. durable _____
4. entire _____
5. issue _____
6. annoy _____
7. dye _____

2 단어의 빠진 부분을 완성시켜 보세요.

1. 무늬 p _ tt _ rn
2. 오래 견디는 d _ r _ bl _
3. 염색하다 dy _
4. 전체의 _ nt _ r _
5. 적대하는 h _ st _ l _
6. 화나게 하다 _ nn _ y
7. 논쟁점 _ ss _ _

3 주어진 철자로 시작하는 단어로 쓰세요.

1. 전체의 e_____
2. 염색하다 d_____
3. 적대하는 h_____
4. 무늬 p_____
5. 화나게 하다 a_____
6. 논쟁점 i_____
7. 오래 견디는 d_____

066 **nightmare** [náitmɛ̀ər] n. 악몽

It's a nightmare! I've got the worst score in the math test!

악몽이야! 수학에서 최악의 성적을 받았어!

067 **alive** [əláiv] a. 살아 있는 (*opp.* dead), 생생한

The child is yet alive. 그 어린아이는 아직 살아 있다.

068 **interrupt** [ìntərʌ́pt] v. 가로막다, 저지하다, 중단하다

[interrupted-interrupted-interrupting]

It's impolite to interrupt others when they are talking.

다른 사람이 말하고 있는데 가로막는 것은 예의에 어긋나는 일이다.

069 **urban** [ə́:rbən] a. 도시의 (*opp.* rural)

She was tired of urban life. 그녀는 도시 생활에 싫증이 났다.

070 **roar** [rɔːr] v. 으르렁거리다, 고함치다, 울부짖다 [roared-roared-roaring]

When the hunter approached the wolf, it started to roar.

사냥꾼이 늑대에게 다가갔을 때 그 늑대는 으르렁거리기 시작했다.

071 **worsen** [wə́:rsn] v. 악화시키다 [worsened-worsened-worsening]

Too much exercise worsened his disease.

너무 많은 운동이 그의 병을 악화시켰다.

072 **metal** [métl] n. 금속

The window frames are made of metal.

그 창틀은 금속으로 만들어졌다.

073 **rumor** [rúːmər] n. 소문, 유언비어

There is a rumor that the singer will marry a lawyer next year.

내년에 그 가수가 어떤 변호사와 결혼할 것이라는 소문이 있다.

074 **oxygen** [ɑ́ksidʒən] n. 산소

We need oxygen to breathe. 우리는 숨을 쉬기 위해 산소가 필요하다.

Pop Quiz

1 영어를 우리말로 써 보세요.

1. worsen   _____
2. nightmare   _____
3. metal   _____
4. roar   _____
5. oxygen   _____
6. urban   _____
7. rumor   _____
8. interrupt   _____
9. alive   _____

2 단어의 빠진 부분을 완성시켜 보세요.

1. 금속   m _ t _ l
2. 살아 있는   _ l _ v _
3. 악몽   n _ ghtm _ r _
4. 도시의   _ rb _ n
5. 악화시키다   w _ rs _ n
6. 가로막다   _ nt _ rr _ pt
7. 소문   r _ m _ r
8. 산소   _ xyg _ n
9. 으르렁거리다   r _ _ r

3 주어진 철자로 시작하는 단어로 쓰세요.

1. 으르렁거리다   r_____
2. 악화시키다   w_____
3. 가로막다   i_____
4. 도시의   u_____
5. 금속   m_____
6. 살아 있는   a_____
7. 악몽   n_____
8. 소문   r_____
9. 산소   o_____

075 **sink** [siŋk] v. 가라앉다, 침몰하다 n. 싱크대, 개수대 [sank-sunk-sinking]

The ship started to sink rapidly. 배는 빠르게 가라앉기 시작했다.

Why don't you put bowls and plates in the sink?

그릇과 접시를 싱크대에 넣자.

076 **weigh** [wei] v. 무게가 ~나가다, 무게를 재다 [weighed-weighed-weighing]
weight [weit] n. 체중, 무게

How much do you weigh? 당신은 몸무게가 얼마나 나갑니까?

I've gained a lot of weight since September.

9월 이후에 몸무게가 많이 늘었어.

077 **poem** [póuəm] n. 시
poetic [pouétik] a. 시적인, 시의

I like poems written by Yun Dongju. 나는 윤동주가 쓴 시를 좋아한다.

His writing is full of poetic feeling.

그의 글은 시적인 감정으로 가득 차 있다.

078 **insert** [insə́:rt] v. 끼워 넣다, 삽입하다 [inserted-inserted-inserting]

Insert a 500 won coin into the slot. 투입구에 500원짜리 동전을 넣어라.

079 **refresh** [rifréʃ] v. 상쾌하게 하다, 기운 나게 하다
[refreshed-refreshed-refreshing]
refreshment [rifréʃmənt] n. 가벼운 음식물, 다과, 원기 회복

The cool wind refreshed all of us.

시원한 바람이 우리 모두를 상쾌하게 했다.

Let's take some refreshments before leaving.

떠나기 전에 뭐 간단한 것 좀 먹자.

080 **rinse** [rins] v. 씻어내다, 헹구다 [rinsed-rinsed-rinsing]

Rinse the soap out of your head. 머리에서 비누를 씻어내라.

081 **voyage** [vɔ́iidʒ] n. 항해

We started our voyage to America.

우리는 미국으로 가는 항해를 시작했다.

Pop Quiz

1 영어를 우리말로 써 보세요.

1. voyage _____
2. rinse _____
3. insert _____
4. weigh _____
5. refresh _____
6. sink _____
7. poem _____

2 단어의 빠진 부분을 완성시켜 보세요.

1. 무게가 ~나가다   w _ _ gh   2. 항해   v _ y _ g _
3. 가라앉다   s _ nk   4. 끼워 넣다   _ ns _ rt
5. 시   p _ _ m   6. 상쾌하게 하다   r _ fr _ sh
7. 씻어내다   r _ ns _

3 주어진 철자로 시작하는 단어로 쓰세요.

1. 상쾌하게 하다   r _____
2. 무게가 ~나가다   w _____
3. 가라앉다   s _____
4. 시   p _____
5. 항해   v _____
6. 끼워 넣다   i _____
7. 씻어내다   r _____

082 **psychology** [saikάlədʒi] n. 심리학
psychologist [saikάlədʒist] n. 심리학자
My mother majored in psychology in college.
우리 어머니는 대학에서 심리학을 전공하셨다.
The psychologist advised her parents not to scold her too harshly.
그 심리학자는 그녀의 부모에게 그녀를 너무 가혹하게 꾸짖지 말라고 충고했다.

083 **victim** [víktim] n. 희생자, 희생
The first victims of the war were children.
전쟁의 첫 번째 희생자는 어린아이들이었다.

084 **admit** [ædmít] v. 인정하다, 들어오게 하다, 수용하다
[admitted-admitted-admitting]
admission [ædmíʃən] n. 입장(입학/입국) 허가, 입장료
She admitted that she had been too rude to her parents.
그녀는 그녀의 부모님에게 너무 무례했었다는 것을 인정했다.
There is no charge for admission. 입장 요금이 없습니다.

085 **fasten** [fǽsn] v. 단단히 고정시키다 [fastened-fastened-fastening]
Sit down and fasten your seat belt.
자리에 앉아서 안전벨트를 매 주세요.

086 **sneeze** [sniːz] v. 재채기하다, 코웃음치다 [sneezed-sneezed-sneezing]
It looks cold in the room. The baby is sneezing.
방 안이 추운 것 같아. 아기가 재채기하고 있어.

087 **exaggerate** [igzǽdʒərèit] v. 과장하다
[exaggerated-exaggerated-exaggerating]
exaggeration [igzǽdʒəréiʃən] n. 과장
The girl is always exaggerating everything about her boy friend.
저 여자애는 언제나 자기 남자 친구에 대한 모든 걸 과장해서 말해.
It was not an exaggeration to say that he was in great danger.
그가 큰 위험에 빠져 있다는 것은 과장이 아니었다.

Pop Quiz

1 영어를 우리말로 써 보세요.

1. admit   _____
2. psychology   _____
3. fasten   _____
4. exaggerate   _____
5. sneeze   _____
6. victim   _____

2 단어의 빠진 부분을 완성시켜 보세요.

1. 희생자   v _ ct _ m
2. 단단히 고정시키다   f _ st _ n
3. 심리학   psych _ l _ gy
4. 과장하다   _ x _ gg _ r _ t _
5. 재채기하다   sn _ _ z _
6. 인정하다   _ dm _ t

3 주어진 철자로 시작하는 단어로 쓰세요.

1. 단단히 고정시키다   f _____
2. 심리학   p _____
3. 희생자   v _____
4. 재채기하다   s _____
5. 과장하다   e _____
6. 인정하다   a _____

088 **resist** [rizíst]　v. 저항하다　　　　　　[resisted-resisted-resisting]
resistance [rizístəns]　n. 저항, 반대

They resisted the Japanese soldiers bravely.
그들은 용감하게 일본 군인들에게 저항했다.

The policy met with the resistance of students.
그 정책은 학생들의 저항에 부딪쳤다.

089 **vomit** [vάmit]　v. 토하다　　　　　　[vomited-vomited-vomiting]

I feel like vomiting.　토할 것 같다.

090 **suicide** [súːəsàid]　n. 자살

She committed suicide after her movie failed.
영화가 실패한 후 그녀는 자살하고 말았다.

091 **emphasize** [émfəsàiz]　v. 강조하다, 역설하다
　　　　　　　　　　　　　　[emphasized-emphasized-emphasizing]

The teacher always emphasizes the importance of review.
그 선생님은 언제나 복습의 중요성을 강조하신다.

092 **piety** [pάiəti]　n. 신앙심, 경건

The priest praised her piety.　신부는 그녀의 신앙심을 칭찬했다.

093 **contrary** [kάntreri]　a. 어긋나는, 반대의, 적합지 않은

I did nothing contrary to the law.
저는 법에 어긋나는 짓은 하지 않았습니다.

★ **on the contrary**　그와는 반대로
On the contrary, he failed in the exam.
그와는 반대로, 그는 시험에서 실패했다.

094 **border** [bɔ́ːrdər]　n. 가장자리, 변두리

We walked along the border of the lake.
우리는 호숫가의 가장자리를 따라 걸었다.

095 **coal** [koul]　n. 석탄

Put more coals in the stove.　난로에 석탄을 더 넣어라.

Pop Quiz

1 영어를 우리말로 써 보세요.

1. coal _____
2. piety _____
3. border _____
4. vomit _____
5. contrary _____
6. emphasize _____
7. suicide _____
8. resist _____

2 단어의 빠진 부분을 완성시켜 보세요.

1. 강조하다 _ mph _ s _ z _   2. 저항하다 r _ s _ st
3. 자살 s _ _ c _ d _   4. 어긋나는 c _ ntr _ ry
5. 토하다 v _ m _ t   6. 가장자리 b _ rd _ r
7. 신앙심 p _ _ ty   8. 석탄 c _ _ l

3 주어진 철자로 시작하는 단어로 쓰세요.

1. 저항하다 r _____
2. 강조하다 e _____
3. 가장자리 b _____
4. 어긋나는 c _____
5. 석탄 c _____
6. 신앙심 p _____
7. 토하다 v _____
8. 자살 s _____

VOCA Perfect

001 **reason** [ríːzn] n. 이유, 까닭, 이성

Do you know the reason why he didn't come to my birthday party? 너는 그가 내 생일 파티에 오지 않은 이유를 알고 있니?

002 **content** [kántent] n. 내용, 내용물, 목차 a. 만족하는 [kəntént]

Most people don't like the content of the TV drama.
대부분의 사람들은 그 TV 드라마의 내용을 좋아하지 않는다.
I am content with my school life. 나는 학교생활에 만족하고 있다.

003 **private** [práivət] a. 사립의, 개인의, 사적인
privacy [práivəsi] n. 사생활, 프라이버시

There are two private high schools and one public high school near here. 이 근처에는 2개의 사립 고등학교와 1개의 공립 고등학교가 있다.
I want you to respect my privacy.
나는 네가 내 사생활을 존중해주길 바래.

004 **reserve** [rizə́ːrv] v. 예약하다 [reserved-reserved-reserving]

I've reserved a table for 4 people at the restaurant.
나는 그 레스토랑에 4인용 테이블을 예약해 두었어.

005 **cherish** [tʃériʃ] v. 귀여워하다, 소중히 하다
[cherished-cherished-cherishing]

My grandparents cherish me very much.
우리 조부모님은 나를 무척 귀여워하신다.

006 **miserable** [mízərəbl] a. 불쌍한, 비참한

The homeless around the station look very miserable.
역 근처의 노숙자들은 매우 불쌍해 보인다.

007 **salary** [sǽləri] n. 봉급, 급료 (syn. pay)

She decided to work for the company for a good salary.
그녀는 많은 봉급 때문에 그 회사에서 일하기로 결심했다.

1 영어를 우리말로 써 보세요.

1. reserve _____
2. cherish _____
3. salary _____
4. content _____
5. miserable _____
6. reason _____
7. private _____

2 단어의 빠진 부분을 완성시켜 보세요.

1. 사립의   pr _ v _ t _   2. 예약하다 r _ s _ rv _
3. 이유   r _ _ s _ n   4. 불쌍한   m _ s _ r _ bl _
5. 봉급   s _ l _ ry   6. 내용   c _ nt _ nt
7. 귀여워하다 ch _ r _ sh

3 주어진 철자로 시작하는 단어로 쓰세요.

1. 예약하다   r_____
2. 사립의   p_____
3. 이유   r_____
4. 봉급   s_____
5. 귀여워하다   c_____
6. 내용   c_____
7. 불쌍한   m_____

008 **authority** [əθɔ́ːrəti] n. 권위, 권한

Parents have authority over their children.

부모들은 자신의 아이들에 대해 권위를 가지고 있다.

009 **superstition** [sùːpərstíʃən] n. 미신

According to superstition, we can know one's fortune through palm reading.

미신에 따르면, 우리는 손금을 보고 사람의 운수를 알 수 있다.

010 **arrow** [ǽrou] n. 화살

Time flies like an arrow. 시간이 화살처럼 지나간다.

011 **confirm** [kənfə́ːrm] v. 확인하다, (결심을) 굳게 하다

[confirmed-confirmed-confirming]

confirmation [kànfərméiʃən] n. 확인, 확정

I'd like to confirm my reservation for a flight to New York next week. 다음 주 뉴욕으로 가는 비행편의 예약을 확인하고 싶습니다.

Can you tell me the confirmation number of your reservation?

예약 확인 번호를 말씀해 주시겠어요?

012 **abrupt** [əbrʌ́pt] a. 갑작스러운, 뜻밖의 (*syn.* sudden)

She was embarrassed at the abrupt question.

그녀는 갑작스러운 질문에 당황했다.

013 **technology** [teknάlədʒi] n. 과학 기술

Young people depend on modern technology too much.

젊은 사람들은 현대 과학 기술에 너무 많이 의존한다.

014 **utilize** [júːtəlàiz] v. 이용하다 (*syn.* use) [utilized-utilized-utilizing]

You can utilize various studying materials to study English.

당신은 영어를 공부하기 위해 다양한 학습 자료를 이용할 수 있습니다.

015 **departure** [dipάːrtʃər] n. 출발 (*opp.* arrival)

You should check your departure time not to miss the train.

기차를 놓치지 않으려면 출발 시간을 체크해 두어야 한다.

1   영어를 우리말로 써 보세요.

1. superstition _____
2. utilize _____
3. arrow _____
4. technology _____
5. authority _____
6. departure _____
7. abrupt _____
8. confirm _____

2   단어의 빠진 부분을 완성시켜 보세요.

1. 미신   s _ p _ rst _ t _ _ n
2. 확인하다   c _ nf _ rm
3. 출발   d _ p _ rt _ r _
4. 이용하다   _ t _ l _ z _
5. 과학 기술 t _ chn _ l _ gy
6. 화살   _ rr _ w
7. 권위   _ _ th _ r _ ty
8. 갑작스러운 _ br _ pt

3   주어진 철자로 시작하는 단어로 쓰세요.

1. 미신   s _____
2. 화살   a _____
3. 확인하다   c _____
4. 출발   d _____
5. 권위   a _____
6. 과학 기술   t _____
7. 갑작스러운 a _____
8. 이용하다   u _____

016   **mix** [miks]   v. 섞다, 혼합하다   [mixed-mixed-mixing]

If you mix yellow and blue, you will get green.

노랑과 파랑을 섞으면, 녹색을 얻을 수 있다.

017   **ceremony** [sérəmòuni]   n. 의식, 기념식

Some students didn't attend the graduation ceremony.

일부 학생들은 졸업식에 참석하지 않았다.

018   **genius** [dʒíːnjəs]   n. 천재, 천재성

Mozart was a musical genius.   모차르트는 음악의 천재였다.

019   **telescope** [téləskòup]   n. 망원경

We could see the craters of the Moon through the telescope.

우리는 망원경을 통해 달의 크레이터들을 볼 수 있었다.

020   **gloomy** [glúːmi]   a. 우울한, 어두운, 음침한

The student has looked gloomy since Monday.

그 학생은 월요일부터 줄곧 우울해 보인다.

021   **substance** [sʌ́bstəns]   n. 물질, 재료 (syn. material)

This substance is very poisonous.   이 물질은 매우 유독하다.

022   **reveal** [rivíːl]   v. 폭로하다, 드러내다   [revealed-revealed-revealing]

He revealed his boss's crime.   그는 자신의 상사의 범죄를 폭로했다.

023   **president** [prézidənt]   n. 장(長), 대통령

I was elected president of my class.   나는 반장으로 선출되었다.

024   **sympathy** [símpəθi]   n. 동정심, 공감, 동감
           sympathetic [sìmpəθétik]   a. 동정심 있는, 인정 있는

I feel sympathy for those who lost their children.

나는 자식을 잃은 사람들에게 동정심을 느낀다.

The teacher is very sympathetic for students who have no parents.

그 선생님은 부모님이 없는 학생들에게 동정심을 갖고 있다.

Pop Quiz

1 영어를 우리말로 써 보세요.

1. president _____
2. sympathy _____
3. gloomy _____
4. mix _____
5. genius _____
6. reveal _____
7. substance _____
8. ceremony _____
9. telescope _____

2 단어의 빠진 부분을 완성시켜 보세요.

1. 물질   s _ bst _ nc _
2. 망원경   t _ l _ sc _ p _
3. 의식   c _ r _ m _ ny
4. 천재   g _ n _ _ s
5. 장(長)   pr _ s _ d _ nt
6. 폭로하다   r _ v _ _ l
7. 섞다   m _ x
8. 동정심   symp _ thy
9. 우울한   gl _ _ my

3 주어진 철자로 시작하는 단어로 쓰세요.

1. 장(長)   p _____
2. 동정심   s _____
3. 우울한   g _____
4. 의식   c _____
5. 폭로하다   r _____
6. 섞다   m _____
7. 망원경   t _____
8. 물질   s _____
9. 천재   g _____

025　**grind** [graind]　v. 갈다, 연마하다 [grinded/ground-grinded/ground-grinding]

While my mother prepares breakfast, I grind coffee.

어머니가 아침을 준비하는 동안 나는 커피를 간다.

026　**Pacific** [pəsífik]　a. 태평양의

California is one of the Pacific states.

캘리포니아는 태평양에 면한 주들 가운데 하나이다.

★ **the Pacific / the Pacific Ocean**　태평양

We can see the North Pacific from this seashore.

우리는 이 해안에서 북태평양을 볼 수 있다.

027　**submarine** [sʌ̀bməríːn]　n. 잠수함

A submarine sails under the water.　잠수함은 물 밑으로 항해한다.

028　**select** [silékt]　v. 선택하다, 뽑다 (*syn.* choose)

[selected-selected-selecting]

selection [silékʃən]　n. 선택된 것, 선발, 선택

You can select two from 31 types of ice creams.

31가지 종류의 아이스크림 중에서 2개를 고를 수 있다.

The selection of his paintings is exhibited at the art museum.

그의 그림들 중 선택된 것이 미술관에 전시되어 있다.

029　**wave** [weiv]　n. 파도, 물결　v. (손을) 흔들다　[waved-waved-waving]

A huge wave is coming close to us!

거대한 파도가 우리에게 다가오고 있어!

They waved their hands toward us to greet.

그들은 인사하기 위해 우리를 향해 손을 흔들었다.

030　**compete** [kəmpíːt]　v. 경쟁하다, 맞서다

[competed-competed-competing]

competition [kàmpətíʃən]　n. 경쟁, 경쟁시험

They competed with the world famous players, and finally won the victory.　그들은 세계적인 선수들과 경쟁해서 마침내 우승했다.

An athlete's goal is to win the first prize in a competition.

운동선수의 목표는 경쟁에서 1등을 하는 것이다.

Pop Quiz

1 영어를 우리말로 써 보세요.

1. wave   _____
2. compete   _____
3. submarine   _____
4. grind   _____
5. Pacific   _____
6. select   _____

2 단어의 빠진 부분을 완성시켜 보세요.

1. 갈다   gr _ nd
2. 잠수함   s _ bm _ r _ n _
3. 태평양의   P _ c _ f _ c
4. 경쟁하다   c _ mp _ t _
5. 파도   w _ v _
6. 선택하다   s _ l _ ct

3 주어진 철자로 시작하는 단어로 쓰세요.

1. 파도   w _____
2. 잠수함   s _____
3. 경쟁하다   c _____
4. 선택하다   s _____
5. 갈다   g _____
6. 태평양의   P _____

031 **conscious** [kánʃəs] a. 의식이 있는, 의식하고 있는
consciousness [kánʃəsnis] n. 의식

Just after the accident, she was conscious.
사고 직후에 그녀는 의식이 있었다.

She lost consciousness, after she told me what had happened.
무슨 일이 있었는지 말한 후에 그녀는 의식을 잃었다.

032 **conceal** [kənsíːl] v. 숨기다, 감추다 (syn. hide)
[concealed-concealed-concealing]

He thinks that I should not conceal anything to him.
그는 내가 그에게 아무 것도 숨기지 말아야 한다고 생각한다.

033 **remark** [rimáːrk] v. 말하다, 주의하다 [remarked-remarked-remarking]
remarkable [rimáːrkəbl] a. 주목할 만한, 놀랄 만한

He remarked that he would not join the contest.
그는 그 대회에 참가하지 않겠다고 말했다.

His development was remarkable. 그의 발전은 주목할 만했다.

034 **relation** [riléiʃən] n. 관계, 관련

The relation of mother and child is the closest in the world.
어머니와 아이의 관계는 세상에서 가장 가깝다.

035 **gene** [dʒiːn] n. 유전자

When was the gene map completed?
유전자 지도가 완성된 것은 언제입니까?

036 **kindergarten** [kíndərgàːrtn] n. 유치원

I have to bring my little sister from the kindergarten.
나는 어린 여동생을 유치원에서 데려와야만 한다.

037 **monk** [mʌŋk] n. 스님, 승려, 수도사

The student had his hair cut like a monk.
그 학생은 스님처럼 머리를 깎았다.

Pop Quiz

1 영어를 우리말로 써 보세요.

1. gene _____
2. kindergarten _____
3. conceal _____
4. remark _____
5. monk _____
6. relation _____
7. conscious _____

2 단어의 빠진 부분을 완성시켜 보세요.

1. 숨기다 c _ nc _ _ l
2. 스님 m _ nk
3. 유전자 g _ n _
4. 말하다 r _ m _ rk
5. 유치원 k _ nd _ rg _ rt _ n
6. 의식이 있는 c _ nsc _ _ _ s
7. 관계 r _ l _ t _ _ n

3 주어진 철자로 시작하는 단어로 쓰세요.

1. 유치원 k_____
2. 스님 m_____
3. 말하다 r_____
4. 관계 r_____
5. 의식이 있는 c_____
6. 유전자 g_____
7. 숨기다 c_____

038 **relieve** [rilíːv] v. 구제하다, 안심하게 하다, 경감시키다
[relieved-relieved-relieving]

Even a king cannot relieve one from poverty.
임금님조차도 가난에서 누군가를 구제할 수는 없다.

039 **separate** [sépərèit] v. 떼어놓다, 가르다, 분리하다
[separated-separated-separating]
separation [sèpəréiʃən] n. 떨어짐, 분리

Nothing could separate the two lovers.
어떤 것도 두 명의 연인들을 떼어낼 수 없었다.

After a long separation, I could see my parents.
오랫동안의 떨어짐 후에 나는 부모님을 만날 수 있었다.

040 **secure** [sikjúər] a. 안전한 (*syn.* safe), 탄탄한

The building is secure from an earthquake or a fire.
그 건물은 지진이나 화재로부터 안전하다.

041 **substitute** [sʌ́bstətjùːt] v. 대신해서 쓰다, 대신하다, ~와 바꾸다
[substituted-substituted-substituting]

You can substitute margarine for butter in this recipe.
이 요리법에서는 버터 대신 마가린을 쓸 수 있다.

042 **equip** [ikwíp] v. 갖추어 주다, 장비하다   [equipped-equipped-equipping]
equipment [ikwípmənt] n. 설비, 장비

This ambulance is equipped to deal with any emergency.
이 앰뷸런스는 어떤 긴급사태에도 대처할 수 있는 장비를 갖추고 있다.
The fitness center has various fitness equipments.
그 피트니스 센터는 다양한 운동 설비를 갖추고 있다.

043 **destination** [dèstənéiʃən] n. 목적지, 행선지

This train is arriving at the final destination in 10 minutes.
이 열차는 10분 후 최종 도착지에 도착할 것입니다.

044 **skillful** [skílfəl] a. 능숙한, 솜씨 좋은, 숙련된 (*syn.* skilled)

The student became skillful at playing the guitar.
그 학생은 기타를 능숙하게 연주하게 되었다.

1 영어를 우리말로 써 보세요.

1. relieve _____
2. equip _____
3. secure _____
4. separate _____
5. substitute _____
6. skillful _____
7. destination _____

2 단어의 빠진 부분을 완성시켜 보세요.

1. 안전한   s _ c _ r _   2. 떼어놓다   s _ p _ r _ t _
3. 구제하다   r _ l _ _ v _   4. 대신해서 쓰다   s _ bst _ t _ t _
5. 갖추어 주다   _ q _ _ p   6. 능숙한   sk _ llf _ l
7. 목적지   d _ st _ n _ t _ _ n

3 주어진 철자로 시작하는 단어로 쓰세요.

1. 구제하다   r_____
2. 목적지   d_____
3. 안전한   s_____
4. 능숙한   s_____
5. 대신해서 쓰다   s_____
6. 갖추어 주다   e_____
7. 떼어놓다   s_____

045 **sidewalk** [sáidwɔ̀ːk] n. 보도, 인도

The students are waiting for the bus on the sidewalk.

학생들은 보도 위에서 버스를 기다리고 있다.

046 **agency** [éidʒənsi] n. 대리점, 대행 회사

My sister is working for a travel agency.

우리 누나는 여행사에 다니고 있어.

047 **concern** [kənsə́ːrn] v. 걱정시키다, 관계가 있다 n. 관심, 걱정, 관계

[concerned-concerned-concerning]

My parents are always concerned about my grade.

우리 부모님은 언제나 내 성적을 걱정하신다.

I have no concern about political issues.

나는 정치 문제에 관심이 없다.

048 **device** [diváis] n. 장치, 고안품

This is a device to stop waste of tap water.

이것은 수돗물의 낭비를 막는 장치입니다.

049 **conquer** [káŋkər] v. 정복하다, 이기다

[conquered-conquered-conquering]

Gwanggaeto the Great conquered the northeastern part of the continent.   광개토대왕은 대륙의 동북부를 정복했다.

050 **occupation** [àkjupéiʃən] n. 직업 (*syn.* job)

What is your father's occupation?   아버지의 직업은 무엇입니까?

051 **phenomenon** [finámənàn] n. 현상 (*pl.* phenomena)

Earthquake is a natural phenomenon.   지진은 자연 현상의 하나이다.

052 **eventually** [ivéntʃuəli] ad. 결국, 드디어 (*syn.* finally)

Eventually, some animals may die out.

결국 어떤 동물들은 멸종될지도 모른다.

Pop Quiz

1 영어를 우리말로 써 보세요.

1. phenomenon _____
2. concern _____
3. agency _____
4. device _____
5. eventually _____
6. conquer _____
7. sidewalk _____
8. occupation _____

2 단어의 빠진 부분을 완성시켜 보세요.

1. 대리점 _ g _ n _ y
2. 직업 occ _ p _ t _ _ n
3. 결국 _ v _ nt _ _ lly
4. 장치 d _ v _ c _
5. 현상 ph _ n _ m _ n _ n
6. 걱정시키다 c _ nc _ rn
7. 보도 s _ d _ w _ lk
8. 정복하다 c _ nq _ _ r

3 주어진 철자로 시작하는 단어로 쓰세요.

1. 걱정시키다 c _____
2. 대리점 a _____
3. 직업 o _____
4. 정복하다 c _____
5. 결국 e _____
6. 장치 d _____
7. 현상 p _____
8. 보도 s _____

053 **automatic** [ɔ̀:təmǽtik] a. 자동의

The Korean subways have automatic doors, but the French subways doesn't.

한국의 지하철은 자동문이 있지만, 프랑스는 그렇지 않다.

054 **tremble** [trémbl] v. 떨리다, 벌벌 떨다 (*syn.* shake)

[trembled-trembled-trembling]

Her lips were trembling with cold. 그녀의 입술이 추위로 떨리고 있었다.

055 **cloning** [klouniŋ] n. 복제, 클로닝

Most politicians are against human cloning.

대부분의 정치가들은 인간 복제에 반대하고 있다.

056 **accomplish** [əkámpliʃ] v. 이루다, 성취하다

[accomplished-accomplished-accomplishing]

accomplishment [əkámpliʃmənt] n. 업적, 성취

If you try hard, you can accomplish your goal someday.

노력한다면 언젠가는 네 목표를 이룰 수 있을 것이다.

The scientist was famous for a lot of accomplishments.

그 과학자는 많은 업적으로 유명하다.

057 **tuck** [tʌk] v. 쑤셔 넣다, 밀어 넣다   [tucked-tucked-tucking]

The student tucked trash behind the lockers.

그 학생은 쓰레기를 사물함 뒤에 쑤셔 넣었다.

058 **identification** [aidèntəfikéiʃən] n. 신분증, 신원 확인

identify [aidéntəfài] v. 확인하다, 증명하다 [identified-identified-identifying]

You need to bring your identification to register.

등록하기 위해서는 신분증을 가져올 필요가 있습니다.

She identified the man as her attacker.

그녀는 그 남자가 자신을 공격한 사람임을 확인했다.

059 **passage** [pǽsidʒ] n. 구절, 통행, 통과

What is the topic of the passage? 이 구절의 주제는 무엇입니까?

Pop Quiz

1 영어를 우리말로 써 보세요.

1. identification _____
2. tremble _____
3. accomplish _____
4. automatic _____
5. tuck _____
6. cloning _____
7. passage _____

2 단어의 빠진 부분을 완성시켜 보세요.

1. 복제   cl _ n _ ng
2. 자동의   _ _ t _ m _ t _ c
3. 쑤셔 넣다   t _ ck
4. 구절   p _ ss _ g _
5. 이루다   _ cc _ mpl _ sh
6. 떨리다   tr _ mbl _
7. 신분증   _ d _ nt _ f _ c _ t _ _ n

3 주어진 철자로 시작하는 단어로 쓰세요.

1. 쑤셔 넣다   t_____
2. 이루다   a_____
3. 신분증   i_____
4. 떨리다   t_____
5. 복제   c_____
6. 자동의   a_____
7. 구절   p_____

060   **external** [ikstə́:rnl]   a. 외부의, 외면의

The windows were broken completely by some external power.

유리창들은 어떤 외부의 힘에 의해 완전히 깨졌다.

061   **internal** [intə́:rnl]   a. 내부의, 내면의

The building has an internal heating and cooling system.

그 건물은 내부 온방과 냉방 시스템을 갖고 있다.

062   **wander** [wándər]   v. (정처 없이) 돌아다니다, 헤매다

[wandered-wandered-wandering]

They wandered in the downtown after the exam.

그들은 시험이 끝난 후 시내를 돌아다녔다.

063   **vet** [vet]   n. 수의사 (veterinarian)

My dog is sick. Can you recommend a good vet?

내 개가 아파. 좋은 수의사 좀 추천해 줄래?

064   **feature** [fí:tʃər]   n. 특징, 특색, 얼굴 생김새

The best feature of the school is the modern and convenient dormitory.   그 학교의 가장 좋은 특징은 현대적이고 편리한 기숙사이다.

065   **courageous** [kəréidʒəs]   a. 용기 있는, 용감한

It was courageous of the student to tell the principal about the problem.   그 학생이 교장 선생님에게 그 문제를 말한 것은 용기 있는 일이었다.

066   **inspect** [inspékt]   v. 점검하다   [inspected-inspected-inspecting]
inspection [inspékʃən]   n. 정밀 검사, 점검

A mechanic is inspecting the elevator. You can't use it now.

수리공이 엘리베이터를 점검하고 있어요. 지금 이용할 수 없습니다.

The last inspection of this car was made six months ago.

이 차의 마지막 정밀 검사는 6개월 전에 이루어졌습니다.

067   **spin** [spin]   v. 돌리다, 회전시키다   [spined-spined-spinning]

The boys are spinning coins on the desks.

남자아이들이 책상 위에서 동전을 돌리고 있다.

Pop Quiz

1 영어를 우리말로 써 보세요.

1. feature _____
2. vet _____
3. courageous _____
4. inspect _____
5. internal _____
6. external _____
7. spin _____
8. wander _____

2 단어의 빠진 부분을 완성시켜 보세요.

1. 특징 f _ _ t _ r _
2. 외부의 _ xt _ rn _ l
3. 점검하다 _ nsp _ ct
4. 내부의 _ nt _ rn _ l
5. 돌아다니다 w _ nd _ r
6. 수의사 v _ t
7. 돌리다 sp _ n
8. 용기 있는 c _ _ r _ g _ _ _ s

3 주어진 철자로 시작하는 단어로 쓰세요.

1. 내부의 i _____
2. 특징 f _____
3. 외부의 e _____
4. 돌리다 s _____
5. 수의사 v _____
6. 돌아다니다 w _____
7. 점검하다 i _____
8. 용기 있는 c _____

068 **dive** [daiv] v. 뛰어들다, 잠수하다 [dived-dived-diving]

They dived into the shallow sea for the pearl shells.

그들은 진주조개를 찾아 얕은 바다로 뛰어들었다.

---

069 **neglect** [niglékt] v. 무시하다, 경시하다, 소홀히 하다

[neglected-neglected-neglecting]

The student neglected the teacher's advice.

그 학생은 선생님의 충고를 무시했다.

---

070 **exceed** [iksíːd] v. 초과하다, 넘다 [exceeded-exceeded-exceeding]

Drivers must not exceed 60 kilometer an hour in this area.

이 지역에서 운전자들은 시속 60km를 초과해서는 안 됩니다.

---

071 **coward** [káuərd] n. 겁쟁이, 비겁자
cowardly [káuərdli] a. 겁 많은

Everybody called him a coward.   모든 사람들이 그를 겁쟁이라고 했다.

He was very cowardly when he was a child.

그는 어린아이였을 때 겁이 아주 많았다.

---

072 **spit** [spit] v. 침 뱉다, 뱉다 [spitted-spitted-spitting]

You must not spit on the street.   거리에 침을 뱉으면 안 된다.

---

073 **preserve** [prizɔ́ːrv] v. 보존하다, 보호하다, 지키다

[preserved-preserved-preserving]

preservation [prèzərvéiʃən] n. 보존, 보호

We must preserve the Korean traditional culture.

우리는 한국의 전통 문화를 보존해야만 합니다.

The politician has much interest in the preservation of the environment.   그 정치가는 환경 보존에 많은 관심이 있다.

---

074 **calm** [kɑːm] a. 차분한, 평온한, 고요한

The student is always calm.   그 학생은 언제나 차분하다.

Pop Quiz

1 영어를 우리말로 써 보세요.

1. spit _____
2. dive _____
3. coward _____
4. neglect _____
5. exceed _____
6. calm _____
7. preserve _____

2 단어의 빠진 부분을 완성시켜 보세요.

1. 초과하다 _ xc _ _ d
2. 보존하다 pr _ s _ rv _
3. 무시하다 n _ gl _ ct
4. 차분한 c _ lm
5. 침 뱉다 sp _ t
6. 뛰어들다 d _ v _
7. 겁쟁이 c _ w _ rd

3 주어진 철자로 시작하는 단어로 쓰세요.

1. 침 뱉다 s _____
2. 차분한 c _____
3. 뛰어들다 d _____
4. 보존하다 p _____
5. 무시하다 n _____
6. 초과하다 e _____
7. 겁쟁이 c _____

075 **firm** [fə:rm]　a. 확고한, 굳은, 단단한
I have a very firm idea.　나는 매우 확고한 생각이 있어요.

076 **crime** [kraim]　n. 범죄, 죄
The number of teenagers' crimes is increasing rapidly.
십대들의 범죄의 수가 빠르게 증가하고 있다.

077 **athlete** [ǽθli:t]　n. 운동선수, 스포츠맨
He makes a lot of efforts to be the best athlete
그는 최고의 운동선수가 되기 위해 많은 노력을 한다.

078 **bump** [bʌmp]　v. 부딪치다, 충돌하다　　[bumped-bumped-bumping]
The cat bumped into my right leg.　고양이가 내 오른쪽 다리에 부딪쳤다.

079 **lung** [lʌŋ]　n. 폐, 허파
He died of lung cancer.　그는 폐암으로 죽었다.

080 **commit** [kəmít]　v. (죄를) 범하다, 맡기다, 위임하다
[committed-committed-committing]
committee [kəmíti]　n. 위원회
The boys committed a serious crime last night.
그 소년들은 어젯밤 심각한 범죄를 저질렀다.
The school committee decided to hire the English teacher.
학교 운영위원회는 영어 선생님을 채용하기로 결정했다.

081 **mention** [ménʃən]　v. 언급하다, 간단히 말하다
[mentioned-mentioned-mentioning]
The actress didn't want to mention her divorce.
그 배우는 자신의 이혼 문제를 언급하고 싶어하지 않았다.

082 **flat** [flæt]　a. 평평한, 납작한, 엎드린
There is a flat land between the two mountains.
두 산 사이에는 평평한 땅이 있다.

Pop Quiz

1 영어를 우리말로 써 보세요.

1. lung _____
2. firm _____
3. flat _____
4. athlete _____
5. mention _____
6. commit _____
7. bump _____
8. crime _____

2 단어의 빠진 부분을 완성시켜 보세요.

1. 운동선수 _ thl _ t _
2. 부딪치다 b _ mp
3. 언급하다 m _ nt _ _ n
4. 평평한 fl _ t
5. 폐 l _ ng
6. 확고한 f _ rm
7. 범하다 c _ mm _ t
8. 범죄 cr _ m _

3 주어진 철자로 시작하는 단어로 쓰세요.

1. 범죄 c _____
2. 운동선수 a _____
3. 언급하다 m _____
4. 부딪치다 b _____
5. 범하다 c _____
6. 확고한 f _____
7. 평평한 f _____
8. 폐 l _____

083 **target** [tάːɾgit] n. 과녁, 목표

I couldn't see the target. 나는 과녁을 볼 수 없었다.

084 **compose** [kəmpóuz] v. 구성하다, 만들다, 작문하다

[composed-composed-composing]

composition [kὰmpəzíʃən] n. 작문, 구성

This English conversation club is composed of 30 members.

이 영어 회화 클럽은 30명의 멤버로 구성되어 있다.

I have to complete my composition homework by tomorrow.

나는 내일까지 작문 숙제를 끝마쳐야만 한다.

085 **attract** [ətrǽkt] v. 끌어당기다, 유인하다, 매혹하다

[attracted-attracted-attracting]

Her dance was nice, but couldn't attract people.

그녀의 춤은 멋졌지만, 사람들을 끌어당기지는 못했다.

086 **slim** [slim] a. 가냘픈, 호리호리한

A lot of girls want to look slim and go on a diet.

많은 여자아이들이 가냘퍼 보이기 원해서 다이어트를 한다.

087 **harsh** [hɑːɾʃ] a. 가혹한, 거친, 난폭한

I think the teacher is too harsh to his students.

나는 그 선생님이 학생들에게 너무 가혹하다고 생각해.

088 **riverbank** [rívərbæ̀ŋk] n. 강둑

We took a walk along the riverbank. 우리는 강둑을 따라 산책을 했다.

Pop Quiz

1 영어를 우리말로 써 보세요.

1. compose _____
2. attract _____
3. riverbank _____
4. target _____
5. slim _____
6. harsh _____

2 단어의 빠진 부분을 완성시켜 보세요.

1. 강둑   r _ v _ rb _ nk
2. 가혹한   h _ rsh
3. 구성하다   c _ mp _ s _
4. 가냘픈   sl _ m
5. 끌어당기다   _ ttr _ ct
6. 과녁   t _ rg _ t

3 주어진 철자로 시작하는 단어로 쓰세요.

1. 구성하다   c _____
2. 끌어당기다   a _____
3. 과녁   t _____
4. 가냘픈   s _____
5. 가혹한   h _____
6. 강둑   r _____

Memo

Index

VOCA Perfect

Memo

Memo